D1748830

Klaus-Ulrich Moeller

KANT HÄTTE GEWEINT

Böse Business-Satiren und andere Betrachtungen der Welt

WINDSOR VERLAG
www.windsor-verlag.com

© 2013 Dr. Klaus-Ulrich Moeller
Alle Rechte vorbehalten. All rights reserved.

Verlag: Windsor Verlag
ISBN: 978-1-627840-83-5

Umschlaggestaltung: Julia Evseeva
Titelbild: © marcel (Fotolia.com)
Layout: Julia Evseeva

Das Werk, einschließlich seiner Teile, ist urheberrechtlich geschützt. Jede Verwertung ist ohne Zustimmung des Verlages und des Autors unzulässig. Dies gilt insbesondere für die elektronische oder sonstige Vervielfältigung, Übersetzung, Verbreitung und öffentliche Zugänglichmachung.

Inhaltsverzeichnis

Vorwort   9

I - BUSINESS 1

.01 Restwärme für die Katzen   14
Die Energiewende steht auf des Messers Schneide.
Persönliche Initiativen sind gefragt, sonst wird das nix.

.02 Gelbes Flackern im Gehirn   17
Inzwischen wissen wir genau, wie der Kunde denkt.
Dennoch wird der Umgang mit ihm immer schwieriger.

.03 „Bloß nicht noch eine Idee ..."   22
Kreativität ist ein hohes Gut. Aber in Unternehmen ist
sie nicht gefragt. Sie ist anstrengend und stört nur.

.04 Kohlrouladen auf dem Herd   27
Für viele Manager ist Kommunikation keine Chance,
sondern Bedrohung. Nichts zu sagen ist viel einfacher.

.05 Kant hätte geweint   32
Wir fordern überall Transparenz. Doch das lenkt nur ab:
Vertrauen wäre viel wichtiger.

.06 Triumph im Badezimmer   37
Der Mensch ist wenig formschön. Nicht einmal mit
Wasserhähnen kann er mithalten.

.07 Bei Bauch und Whiskey   43
Angeblich stirbt der alte Patriarch in Unternehmen ja aus.
Doch der neue ist schon längst da.

.08 „Wo stehen wir eigentlich im Moment?"   48
Kluge Sprüche schlagen jede Strategie. Das sollten
vor allem Berufseinsteiger beherzigen.

.09 **Abschied beim Beaujolais** 52
Die Hälfte der Arbeitnehmer hat innerlich gekündigt.
Die Arbeit macht den meisten trotzdem Spaß.

II – POLITIK

.10 **Fastnachtsumzug in Ruanda** 57
Die Stadt Mainz unterstützt nach Kräften Ruanda.
Ob das Land davon etwas hat, ist allerdings fraglich.

.11 **Schon wieder Knatsch in Davos** 61
Davos ist der Höhepunkt im globalen Geschäftsjahr.
Die Großen der Welt treffen sich – nur die Deutschen
streiten herum.

.12 **Gugelhupf für Tunesien** 66
Außenminister Guido Westerwelle fördert Revoluzzer:
Hauptsache, sie sind weit genug weg.

.13 **Gelingt Guttenbergs jüngster PR-Coup?** 71
Der Verteidigungsminister fälscht seine Dissertation.
Was keiner weiß: Die Aktion ist von langer Hand geplant.

.14 **Guttenberg kehrt zurück** 73
Nach dem Rücktritt des Verteidigungsministers zeigt sich:
Die Rücktrittserklärung war ein Plagiat.
Der Rücktritt ist unwirksam.

.15 **Endlich auch ein Plagiat** 76
Die SPD kann bisher mit Plagiaten beim Wähler
kaum punkten. Eine Fälschung in den eigenen
Reihen muss her. Schnellstens.

.16 **Schade, die Quote ist weg** 79
Angela Merkel kassiert die Frauenquote. Das ist schade:
Quoten könnten das Leben so einfach machen.

III - UNSER ALLER ALLTAG

.17 Der Konzerthuster 83
*Im Konzert zu husten, mag störend sein. Und doch sollte
man genau hinhören: Jeder Huster hat uns etwas zu sagen.*

.18 Beliebt wie Oscar 92
*Wir Deutschen sind jetzt das beliebteste Land in der Welt.
Das liegt an vielem, nur an einem nicht: An uns selbst.*

.19 Telemark im Abklingbecken 96
*Die Katastrophenberichte im Fernsehen laufen sich tot.
Mit etwas mehr Fantasie lässt sich das ändern.*

.20 Sprengung auf Gleis 5 ... 99
*Kürzlich wurde das konkrete Einreisedatum von Terroristen
vermeldet. Endlich können wir ordentlich planen.*

.21 In der Kirche sitz` ich immer hinten 102
*Die Kirche kann vieles, aber die Rhetorik hat sie
nicht erfunden. Vor allem die Gebete zu Gott sind
eine einzige Katastrophe.*

.22 „Wir müssen mehr gegen den Ball arbeiten" 107
*Die Banalitäten im Fußball nehmen überhand.
Doch vielleicht liegt gerade darin die Zukunft:
Weniger als nichts zu sagen.*

.23 Das Chamäleon hätte nicht überlebt 109
*Jeder von uns will authentisch sein. Das klingt modern.
In Wirklichkeit führt es zu noch mehr Langeweile.*

.24 Der Festtags-Test 112
*Sie müssen nervige Verwandte beschäftigen?
Tests und Rätsel sind immer gut.
Schicken Sie alle erst mal auf den Balkon.*

.25 Du Purpur-Fetthenne 114
*Das klassische Mobbing – privat wie beruflich - ist out.
Beleidigungen lassen sich heutzutage viel angenehmer
ausdrücken.*

IV - BUSINESS 2

.26 Tod dem Aufzug 117
Die „Elevator Speech" wird gerade 107 Jahre alt.
Ihr Pech.

.27 Die Projektzerschmirgelung 120
7 Tipps, wie ich mich in Meetings behaupte.

.28 Wie eine Maikäferplage 125
Mitarbeiterbefragungen sind aufwendig.
Und fördern meist Dinge zutage, auf die man
auch so kommen könnte.

.29 Groß sein, um wieder klein zu werden 130
Fusionen schaffen riesige Konzerne. Der alleinige
Zweck dahinter: Sie wieder aufzuspalten.

.30 In der Talsohle wird es eng 135
Unternehmen predigen Transparenz. Doch ihre
verschwurbelte Sprache verdeckt mehr als sie erklärt.

.31 Einsam an Loch 18 141
Angeblich sind Männer an der Spitze einsam.
Doch das hat viele Vorteile: Man wird
nicht so genau beobachtet.

.32 Der Selbstversuch 147
Manager müssen ständig erreichbar sein.
Dafür tun sie alles.
Auch wenn ihr Urlaub dran glauben muss.

.33 Eigne ich mich als Führungskraft? 151
Dass Sie als Führungskraft nicht geeignet sind,
stellt sich meist zu spät heraus.
Mit geeigneten Tests wissen Sie das vorher.

Hinweise zu den Artikeln 154
Autor 155

Vorwort

In diesem Buch finden Sie eine Auswahl von rund 30 meiner schönsten Business-Satiren und Alltags-Kolumnen aus den letzten Jahren. Rund 80 Prozent stammen aus den Jahren 2012 und 2013. Doch auch die früheren Werke haben zu meiner eigenen großen Überraschung nichts an Aktualität verloren. Im Gegenteil: Vieles hätte ich, im Rückblick gesehen, noch viel drastischer schreiben können. Dass die Realität die Satire überholt, ist keine Seltenheit, offenbar eher der Normalzustand.

Ich werde oft gefragt, was für mich Humor ist. Wer erwartet, dass ich dann einen Brüller von Witz loslasse, wird meist arg enttäuscht. Ich kann keine Witze erzählen und gehöre damit zu jenen 80 Prozent der Bevölkerung, denen das ähnlich geht. Ob die restlichen 20 Prozent, die es versuchen, es wirklich können, sei dahingestellt. Witze zu erzählen ist riskanter als Klippenspringen: Entweder ruft jemand direkt vor der Pointe: „Kenn ich", oder in der Kneipe fragt der Kellner in den dramaturgischen Höhepunkt hinein: „Wer kriegt das Hefe?". Meist lacht der Erzähler auch viel zu früh los, was sage ich, lacht: Er brüllt, er klopft sich auf die Schenkel, er wirft sich auf den Tisch, die Gesichtsmuskeln verkrampfen sich, er wird hochrot und erste besorgte Geister rufen den Krankenwagen. In dem Anfall ist nur leider auch die Pointe völlig verglüht.

Das Schlimme ist, dass man aus so einer Nummer nicht mehr rauskommt, wenn man erst mal angefangen hat. Sobald du in die Runde verkündest: „Kennt Ihr den ...?" bist du gefangen wie in Guantanamo. Kein Ausweg.

Alle Blicke nageln dich fest, erste Foto-Handys klicken dir entgegen, am Nebentisch ersterben die Gespräche, ein aufmunterndes „Na ..." schlägt dir entgegen und die Stress-Hormone blockieren alles, was sonst locker und beweglich an dir ist.

Meist verhaspeln wir ja schon den Anfang, weil wir alle Energie darauf konzentrieren, ja nicht die Pointe zu vergessen. Und in der Konzentration auf die Pointe haben wir schon den Einstieg verhauen und die Foto-Handys werden wieder eingepackt und unter mitleidsvollen Blicken arbeiten wir uns mühsam wie durch ein Schlammloch hindurch zum Ausstieg des Witzes und wollen im Boden versinken, weil wir wie Peter Löscher bei Siemens vor dem Rücktritt wissen, dass das nix mehr wird.

Aber ich schweife ab. Wir können auf diesen ganzen Witze-Stress meinetwegen gerne verzichten. Die Welt selber, in all ihren Widersprüchen und ihrem flachgetretenen Alltag, bietet so viel unfreiwillige Komik, so viel Widersprüche, so viel überraschende Drehungen und Wendungen, dass es eine wahre Freude ist. Meist eilen wir achtlos an dieser Situations-Komik vorbei, obwohl sie sich uns bei fast jedem Tritt vor die Füße legt und wir sie nur aufheben müssten. Wir sehen diese Komik nur deshalb nicht, weil wir alles als gegeben hinnehmen. Weil wir unsere eigenen Wahrnehmungsmuster nicht infrage stellen. Weil Komik nur durch den Gegensatz durchscheint, sich offenbart, wenn wir die Fragen anders stellen oder einfach mal nicht glauben, was man uns täglich erzählt: Dass in Unternehmen Kreativität gefragt oder dass Transparenz eine gute Sache ist. Wie kann es sein, dass ein Boxkampf höhere Einschaltquoten erzielt als ein ARD-Brennpunkt vom havarierten Reaktor in Fukushima? Warum hält sich Husten in Konzerten zäh wie eine Nacktschnecke an einem griechischen Kalkfelsen? Wann endlich stoppt jemand diese unsäglichen Mitarbeiterbefragungen oder bringt Fußballspielern mal bei, in Interviews irgendetwas Substantielles zu antworten? Und warum bleiben ICEs im Jargon der Bahn immer „liegen", wo sie bei einem Defekt doch, immerhin, wenigstens „stehenbleiben", oder?

Wann sich bei mir diese Lust an der Situationskomik, am schwarzen Humor entwickelt hat, kann ich nicht sagen. Ich habe früher immer brav meine Kölln-Haferflocken gegessen, als meine Eltern mich in ein Kinderheim in der Nähe von Rendsburg steckten, wo sie den Umzug organisieren mussten, der mich von Köln nach Schleswig-Holstein beförderte. Ich habe alle Schularbeiten immer gleich am selben Tag erledigt, nie Yoga-Kurse belegt, nie einen geladenen Revolver in der Hand gehabt und in meinem ganzen Leben nicht einen einzigen Frosch in heißes Wasser geworfen. Wahrscheinlich liegt der Schlüssel zu allem in einer Hausarbeit im ersten Studiensemester an der Universität Tübingen. Anstatt bäuerliche Einnahmen in irgendeinem versifften und verschlammten russischen Dorf jenseits des Dnjepr im Jahr 1846 zu zählen, meinte ich, ich müsste etwas ganz Großes schreiben über den Entfremdungsbegriff bei Marx, Hegel und Feuerbach. Als Alternative kamen eigentlich nur die Themen „Frauen" oder „Der Mensch - seine Vor- und Nachteile" in Betracht.

Ich dachte also nach und kritzelte etwas zu Papier, kritzelte und dachte, dachte und kritzelte. Für das Konvolut von 60 Seiten gab mir der Professor, wenn ich mich recht erinnere, keinen einzigen Punkt. Aber das konnte ich verschmerzen: In mir war irgendein Türchen aufgegangen, irgendein Knopf gedrückt, irgendetwas war passiert: Ich hatte das erste Mal erlebt, was man überhaupt alles so denken kann. Wie man Dinge neu sehen, wie man aus dem Nichts heraus etwas schaffen kann, was gedanklich vorher nicht da war. Aus dem Ungewöhnlichen entstand das Komische, aus dem Komischen das Satirische, aus dem Satirischen das Böse.

Keine Angst, ich habe das mehrfach gebeichtet in dunklen abgeschirmten Holzkästen der Kirchen, in denen ich mich gefragt habe, wo eigentlich all die Sünden bleiben, die tausende von Menschen dort in dem Kasten hinterlassen. Das hab ich nie verstanden. Wer räumt sie weg? Wie werden sie entsorgt? Sondermüll? Gelber Sack? Sehen Sie, das sind die Fragen, die mich interessieren. Fragen, die einen in die Klapsmühle bringen, wenn man sie nicht satirisch angeht.

Diese Form des Schreibens ist, eingezäunt von Arztterminen, Müll wegbringen und Gas ablesen, eine der wenigen Arten von Freiheit, die ich erlebt habe. Niemand redet mir drein, niemand zupft am Text herum und macht ihn passgenau. Keine Konventionen, keine Muster, keine Grenzen. Sie werden in diesem Buch keine Linie in der Ironie finden. Sie finden fast gar keine Ordnung. Sie müssen sich diese Ordnung alleine nach Ihrer Fantasie zurechtbasteln. Sie müssen springen und denken und sich freuen oder hinten anfangen oder überhaupt nicht.

Ich bin für dieses Werk selbst verantwortlich. Alle Gedanken sind meine, was mich selbst am meisten überrascht. Die Magazine brandeins und „unternehmerWISSEN" haben einige meiner Kolumnen überlebt. Gott und den jeweiligen Redaktionen sei Dank. Sie als Leser werden mich in manchen Artikeln als geisteskrank abstempeln. Ich betone ausdrücklich: Auch das ist gewollt. Wahrscheinlich können nur in diesem Geisteszustand solche Gedanken entstehen, wie Sie sie in diesem Buch finden werden.

Ihr
Klaus-Ulrich Moeller

I - BUSINESS 1

.01

Restwärme für die Katzen
Juni 2012

Die Energiewende ist eine kritische Angelegenheit. Doch anstatt die Regierung ständig zu kritisieren und tagein tagaus zu jammern, könnte jeder von uns etwas beitragen. Und zwar mehr als Glühbirnen auswechseln, die Heizdecke abschalten oder den Schachcomputer verschrotten. Wir brauchen durchgreifende Lösungen.

Nerven Sie die hohen Energiekosten? Genau. Mich auch. Atomstrom ist weg, Kohle ist endlich, Sonnenenergie bei unseren Sommer fast immer ein Desaster. Deshalb hole ich nicht die Energie in meine Behausung, sondern verlege diese dorthin, wo Energie reichlich vorhanden ist: Unter die Erde. Wir haben vor ein paar Tagen noch einmal nachgemessen: Es sind genau 4.943 Meter. Tiefe wohlgemerkt. Meine Vier-Zimmer-Wohnung dort unten, ohne Balkon, aber unterkellert, wurde nach dem Modell der Kölner U-Bahn gebaut: Ausschachten, bauen, zusammenbrechen lassen. Dann wieder neu ans Werk gehen.

Diese meine Wohnung auf 4.943 Meter Tiefe durchlaufen 46 Röhren eines kleinen Energie-Koppelungs-Kraftwerks, die ihre Wärme direkt dem angrenzenden Erdreich entnehmen. 800 Grad heiße Luft sorgt dafür, dass tiefgekühlte Brötchen etwa in 3,2 Sekunden fertig sind. Das Badewasser mit seinen 480 Grad leiten wir zur Kühlung durch einen nachgebauten Iglu. Die Restwärme nach dem Duschen nutzen die Katzen. Diese Tiefbau-Methode ist unschlagbar: Kein Sonnenbrand, kein Hautkrebs, und Streuselkuchen mit Sahne ohne eine einzige Wespe. Keine um sich schlagenden Torten-Gesellschaften, keine Fluglärm-Diskussion, kein Zweitakter-Trecker, der seinen Weinberg besprühen will - es herrscht einfach himmlische Ruhe. Meine Risiken beschränken sich auf Karies, Fußpilz und das Fehlen einer Hornhaut-Salbe. Ich entgehe zudem aufdringlichen Radio-Moderatoren, Wellness-Angeboten, Media-Markt-Werbungen und Unkrautwucherungen in meinem früheren Garten. Dort unten wuchert gar nichts. Gift ist ein Fremdwort. So natürlich wie dort unten kann ich meine Petersilie oben auf der Erde nirgendwo anbauen. In 1,5 Tagen ist sie da. Ich bin eins mit der Natur und erhalte monatlich per gekühlter Rohrpost einen Scheck der Stadtwerke für die Wärme, die ich überall dort einspeise, wo sie gebraucht wird und nicht vorhanden ist: In Beziehungen, den deutschen Sommer, nicht funktionierende Kaffeefahrt-Kuscheldecken, Unternehmenskulturen oder ganz allgemein den Umgang miteinander.

Hatte ich erwähnt, dass ich inzwischen von dort unten die natürliche Energieversorgung der Eurozone steuere? Das glauben Sie nicht? Das kann ich gut verstehen, weil Sie ja in dieser Hinsicht gar nichts wissen. Aus 6.000 Metern Tiefe beziehen wir inzwischen Flüssigstrom, aus 8.000 Metern Tiefe verkaufen wir gebündelten Gasextrakt. Die Dose für 45 Euro reicht für den Bierausschank von 260.000 Fußballanhängern einschließlich der Stadionbeleuchtung von Borussia Dortmund. Wir werden tiefer graben, hatte ich das schon gesagt? Die Erde, unsere Erde, liefert uns jede Energie, die wir brauchen. Unser Erdkern enthält die Energie von 3,5 Billiarden Red-Bull-Dosen. Erst in der Tiefe liegt der Sinn. So hat das glaube ich auch Spinoza schon mal gesagt – auch wenn der nicht unter der Erde gewohnt hat, oder „in" der Erde, besser gesagt. Während Wolkenkuckucksheimer zum Mars aufbrechen wollen und nie mehr zurückkehren werden, kann ich jederzeit einen sich selbst kühlenden Treppenlift nutzen, der mich im Notfall an die Erdoberfläche befördert - für eine Darmspiegelung zum Beispiel. Auch die wäre auf dem Mars unmöglich.

Wenn Sie an diesem Projekt mitwirken wollen: Es sind dort unten noch ein paar Plätze frei. Bitte melden Sie sich an unter info@risikolos_unter_der_erde.de mit Angabe Ihrer voraussichtlichen Verweildauer. Die Zahl der Reisenden ist momentan auf 50 pro Monat begrenzt. Treffpunkt ist immer samstags nach dem Rasenmähen am stillgelegten Reaktor. Sie werden die Sportschau verpassen und den letzten Witz von Atze Schröder, aber das sollte Ihnen die Energiewende dann doch schon wert sein ...

.02

Gelbes Flackern im Gehirn
Dezember 2012

Irgendwann hat der Mensch entdeckt, dass er ein Gehirn hat. Dabei ist ihm das, was sich dort abspielt, bis heute rätselhaft geblieben: Wir gucken Koch-Shows im Fernsehen oder stundenlange Snooker-Übertragungen, ermorden plötzlich unsere Anverwandten und können uns ein Leben lang nicht merken, wie das Wort Rhythmus oder Rhythmus oder Rydmus geschrieben wird. Bei der Rechtschreibstärke unserer Kleinen in der Grundschule auch schon mal Rüdmus oder Rübenmus. Wir heiraten, obwohl wir wissen, dass das in 50 Prozent der Fälle schief geht und wundern uns, dass manche Menschen die Zahl Pi auf 65.000 Stellen genau auswendig lernen können. Deshalb wurden wir, besser gesagt wurden alle Verkäufer dieser Erde ganz aufgeregt, als es Forschern plötzlich gelang, Elektroströme am Gehirn ihrer Kunden anzubringen und zu schauen, was sich tut. Und zu lernen, warum um alles in der Welt wir das fettige Nutella kaufen, obwohl wir gerade einen Diätkurs belegt haben. Und warum wir überhaupt etwas kaufen. Dumm nur, dass wir heute, zehn Jahre später, fast genauso schlau sind wie am Anfang.

Es sind exakt 258. Bücher wohlgemerkt. Ich hab genau gezählt. In meinem Bücherregal reihen sich über mehrere Regale hinweg 258 Bücher über Verhandlungs-Techniken, Motivations- und Führungs-, Gesprächs- und Moderationstechniken, rhetorische Ratgeber und Kommunikations-Weisheiten seit Platon. Bücher darüber, wie ich Horden von Kunden gewinne, jede Debatte zu meinen Gunsten biege und jeden Einwand meines Zulieferers schlagfertig zur Seite wische. Es sind Bücher über „Pacen" und „Primen" und „Ankern", über neueste Einblicke in unser Gehirn und wie wir ticken. Sie alle sollen uns helfen, unsere Kunden besser zu verstehen.

Es sind Bücher, teilweise bis zu 300 Seiten dick, gegen die ein Mathematikstudium ein Wellness- Urlaub ist. Mit Testaufgaben, bei denen Sie durchfallen können, weil Sie nicht richtig zum Kunden sitzen oder, wenn dieser vorwiegend mit dem linken Nasenloch niest, nicht auf der Stelle wissen, ob er ein gelber, blauer, roter oder grüner Typ ist. Wenn der Kunde sagt: „Ich würde von Ihnen gerne mehr darüber hören", müssen Sie blitzartig erkennen, dass er auditiv gepolt ist. Völlig falsch wäre es jetzt, ihn die neue Wäscheschleuder mal berühren und ausprobieren zu lassen. Vielmehr müssten Sie sagen: „Ich spiele Ihnen am besten mal den Sound der Trommel vor ..." und schon kritzelt er, völlig betört, seine Unterschrift auf den Vertrag. Sehen Sie, so einfach ist das.

Mit 258 habe ich nur etwa ein Zehntel der Lehrbücher, die auf dem Markt sind. Es sind alles tolle Werke, die nur einen Nachteil haben: Sie helfen den Verkäufern und Vertrieblern in der Praxis kaum weiter. Jede Umfrage in Unternehmerkreisen zeigt: Das Verhältnis zu Kunden ist im Laufe der letzten Jahre eher schwieriger als leichter geworden. Was läuft da schief? Warum klappt es nicht so mit dem durchschlagenden Verkaufen, wie wir uns das vorstellen? Die Neuro- und Kognitionswissenschaften haben uns in den letzten Jahren viele Einblicke in unser Gehirn ermöglicht. In großen Röhren und über Kabel am Kopf wird unser neuronales Innenleben lebendig: Immer wenn sich in unserem Gehirn irgendetwas tut, blinkt es farbig. Sehr hübsch. Man hat dabei meistens Dinge herausgefunden, die wir immer schon irgendwie geahnt haben: Dass sich oft gar nix tut in unserem Gehirn. Dass wir nicht rational entscheiden, sondern vor allem nach dem Bauchgefühl. Dass wir ganz gerne nur das hören, was wir hören wollen. Dass wir Bilder und Geschichten eher behalten als nüchterne Zahlen. Dass man unser Gehirn ganz schön in die Irre führen kann – Kognitionsverzerrung heißt das dann. Dass wir Personen auf Anhieb sympathisch oder unsympathisch finden und man daran später nicht mehr viel ändern kann. Dass wir gerne Verhaltensweisen eines anderen, etwa unseres Chefs, nachahmen – das sind dann die Spiegelneuronen. Zusammengefasst: Unser Gehirn ist ziemlich faul, aber nicht doof. Also alles nicht so neu.

Das ganze Geflacker zeigt ja auch nur, DASS sich da oben etwas tut, aber nicht was. Ob ich den Verkäufer gerade zur Hölle wünsche oder hormonell außer Kontrolle gerate wegen der tollen Zahnzusatzversicherung, die da auf dem Tisch liegt, kann man aus dem Geflacker nicht ablesen.

Inzwischen guckt man deshalb auch mehr danach, wo und nicht ob es flackert. So kann man etwa erkennen, ob ich gerade aus meinem Langzeitgedächtnis den Kanarienvogel hervorkrame, an den mich die gelbe Krawatte des Verkäufers erinnert oder ob ich gerade die versprochenen blendend weißen Zähne im Kurzzeitspeicher ablege. Das weiß man dann, weil der Kanarienvogel anderswo im Gehirn liegt als die Zähne. Und wenn der Verkäufer während des Gesprächs mitschreibt, dann nicht, weil ihn interessiert, was Sie sagen, sondern weil er den Kanarienvogel und die Zähne ankreuzen muss auf seinem Zettel.

Aber Verkaufs-Seminare müssen sein, trotzdem. Auf jeden Fall. Es muss ja jemanden geben, der ihnen als Verkäufer einbläut, dass ein „Nein" des Kunden nicht Ihnen gilt, sondern nur so allgemein gemeint ist. Oder dass Sie auch nach zehn vergeblichen Anrufen beim Kunden nicht ihr iPad zertrümmern, sondern erkennen sollen, dass es ihnen gerade dann blendend geht, wenn es gerade ganz beschissen läuft. Der Referent spielt dann per Beamer meist irgendwelche Marathonläufer ein, die gerade kollabiert sind, sich aber immer wieder aufrappeln. Die, die sich nicht mehr aufrappeln, werden natürlich nicht gezeigt.

Toll sind auch alle Ratschläge, was ist, wenn der Kunde sagt, Ihr Produkt sei zu teuer. Das ist das wahre Schlachtfeld der Verkaufs-Trainer: Wie messen Sie teuer? Was ist es ihnen wert? Was ist wichtig für Sie? Was wollen Sie langfristig? Ein Feuerwerk an Fragen. Falsch wäre zu sagen: Ja, fünf Prozent Rabatt können wir vereinbaren. Völlig falsch. Meist werden es dann 20, aber das ist egal. Das Seminar ist dann auch schon längst zu Ende.

Ein Zauberwort ist auch „Nutzen". Sie müssen sich das so vorstellen: Wenn zum Beispiel jemand einen Schraubenzieher verkaufen will, ist das eigentlich kein Schraubenzieher. Mehr Teil einer Bespaßungsaktion an der Wand, die nach einer Lösung verlangt. Also nicht die Wand, das Dübelloch verlangt danach. Der emotionale Nutzen, den der Verkäufer ihnen jetzt verkauft, besteht jetzt darin, dass Sie ihrer Freundin imponieren, wenn Sie später gekonnt eine Drehachselsenkfußschraube reinzwirbeln. Das hebt ihren „Status". Vielleicht auch noch Ihren Wunsch nach „Bequemlichkeit", denn es ist erheblich bequemer, die Schraube mit einem Gerät reinzudrehen als mit der Hand. Aber das lernen Sie alles nur im Seminar.

Was würde eigentlich passieren, wenn wir über Nacht alle Verkäufer und Vertriebler nach Cape Kennedy bringen und sie mit einer Saturn 5 auf den Mond schießen. Sie wären einfach nicht mehr da. Würde die Welt, würden Unternehmen zusammenbrechen? Was würde passieren? Es ist interessant, das einmal durchzuspielen. Ich vermute, der Kunde käme auch so ganz gut zurecht. Denn der Kunde 3.0 braucht keine Verkäufer mehr. Der Kunde 3.0 ist hyperinformiert, weiß meist mehr als der Verkäufer, verfügt über dutzende Empfehlungen, kennt alle Rankings und Checklisten, hat sich Auto und Wohnzimmer längst am PC zusammengebastelt und kauft am ehesten dort, wo man ihn am wenigsten belästigt.

Die Rolle des Verkäufers in der Welt 3.0 ändert sich dramatisch. Es sind nicht mehr die Ankündigungs-Priester und Versprechens-Posaunisten, die eine Zukunft haben. Niemand wartet auf sie, niemand will sie, niemand braucht sie. Eine Zukunft hat Verkaufen dann, wenn es sich neu erfindet hin zur konsequenten „Beratung", zum konsequenten „Coaching" und zur konsequenten und ehrlich so gemeinten „Lösungs-Begleitung". Erfolg werden die Unternehmen haben, die sich darauf konsequent einstellen. Dann wird es vielleicht auch gelingen, nicht mehr Generationen von Verkäufern weiterhin in die Demotivation oder in den Burn-out zu schicken. Über DIESES Thema wäre es wert, 258 Bücher zu schreiben, um einen radikalen Kulturwandel des Verkaufens hinzubekommen. Dafür würde ich mit Freude auch alle meine alten Schinken im nächsten Johannisfeuer verlodern lassen.

.03

„Bloß nicht noch eine Idee"
August 2012

Kreativität darf in keiner Unternehmensbroschüre fehlen.
Doch in der Praxis sieht das ganz anders aus:
Kreativität ist anstrengend und stört nur die Abläufe.
Nur gibt das natürlich niemand zu.

Ich bin gut in Schätzfragen. Wenn jemand fragt, was ich besonders gut kann, sage ich: Schätzen. Robby Williams kann singen, Timo Boll Tischtennisspielen, Claus Kleber Nachrichten vorlesen. Ich kann gut schätzen. Zuletzt habe ich bei Haribo einen Wettbewerb gewonnen, bei dem man die Anzahl von Gummibärchen in einer großen Glasdose erraten sollte. Ich lag nur um vier Bärchen daneben. Wenn ich nachts aufwache, schätze ich im Dunkeln zuallererst die Zeit. Gestern Nacht absolut exakt bis auf zwei Minuten. Dann bin ich glücklich, danke meinem Gehirn und schlafe wieder ein.

Leider ist meine Fähigkeit als Dienstleistung nicht gefragt. Wir Deutschen messen lieber millimetergenau und bevorzugen harte Zahlen. Deshalb arbeiten wir auch gerne mit diesen Laserpistolen, die den Abstand von Wand zu Wand mykromillimetergetreu messen, damit die Tapete paßt. Ich bin sicher: Alle Südeuropäer peilen solche Entfernungen ebenso wie ihre Steuereinnahmen über den Daumen.

Mit solch fulminanter Expertise im Rücken sollte ich kürzlich schätzen, wieviel Prozent der Bevölkerung wohl mit ihrem Arbeitsplatz zufrieden sind. Da wir immer irgendwas zu mäkeln haben und nie zufrieden sind, hab ich 5,3 gesagt. Der Umfragemensch hat mich zwar komisch angeschaut, aber ich blieb standhaft: 5,3 %, zusammengesetzt aus Politessen und Steuerfahndern. Geld eintreiben bei anderen muss einfach glücklich machen. Alles andere eher nicht: 66 Prozent haben laut Statistik innerlich gekündigt, 20 % haben Burn-out-Syndrome, sieben Prozent sind dauernd krankgeschrieben. Da bleibt nicht mehr viel übrig. Mich wundert das überhaupt nicht: Unabhängig davon, dass uns der Spaß am Tag ja schon durch den morgendlichen Stau ausgetrieben wird und überkandidelte Radio-Moderatoren alles nur noch schlimmer machen, haben unsere Arbeitsplätze heutzutage nichts mit kreativer Gestaltung, Selbstentwicklung und innovativen Ideen zu tun, über die wir in den Hochglanzprospekten ständig lesen. Arbeitsplätze in der globalisierten Welt sind normiert, durchgetaktet und auf zuverlässiges Funktionieren ausgelegt, auf nichts anderes.

Selten zuvor sind Unternehmen so reguliert gewesen wie heute: Compliance-Regeln, Corporate-Governance-Vorschriften, die Richtlinien der Einkaufsabteilung, überhandnehmende Dokumentationspflichten, DIN-Normen, Abwasservorschriften, Arbeitsschutzvorschriften, die Regeln des Controllings und der internen Revision. Zufällig und dummerweise hat Ihr Laden sich auch den Fair-Trade-Regeln unterworfen, den UNESCO-Richtlinien für Kinderarbeit und dem Kodex des Deutschen Ethikrats. In großen Firmen hat man bis zu 100 solcher Vorschriften gezählt. Das ist der Preis, den wir für unsere eigene Kontrollwut, aber auch für die Intransparenz von Produktionsprozessen in der globalen Welt zahlen: Wenn Sojasprossen aus Ägypten oder Erdbeeren aus China durch zehn verschiedene Hände gehen, bevor sie verseucht bei uns ankommen, ist es ganz gut, wenn man irgendwo nachschauen kann, wer für den ganzen Schlamassel verantwortlich ist.

Unternehmen bewerten den Erfolg des jeweiligen Tages danach, ob er reibungslos verlaufen ist; ob die Prozesse funktioniert haben und alles zuverlässig abgewickelt wurde: Transporte, Anlieferung, Produktion, IT. Sie fragen nicht danach, wieviele Ideen unausgelastete Mitarbeiter wieder ausgebrütet haben. Das hat Einfluss auf das Führungsverhalten: Führungskräfte werden dafür bezahlt, dass sie betriebliche Prozesse reibungslos organisieren, nicht für die Förderung von verquastem und abgehobenem Ideenzauber. In diesem Umfeld, man muss das nur logisch weiterentwickeln, ist für hemdsärmelige Kreativität und Selbstgestaltung des Arbeitsplatzes kein Raum. Kreativität bringt Abläufe durcheinander. Kreativität bringt Stress. Ihnen selber auch. Jedem ist das schon mal passiert, dass er eine tolle neue Idee hatte und von Tag zu Tag frustrierter wurde, weil die Idee nicht freudig aufgegriffen, sondern offen abgelehnt, verschleppt und zerrieben wurde. Bis hin zum Mobbing. Misstrauen und Skepsis schlägt Ihnen entgegen und plötzlich macht auch das Gerücht die Runde, Sie wollten sich nur beim Chef Liebkind machen. Daraus entsteht dann die innere Kündigung.

Kreativität und Innovation sind systematisch ausgelagert in „Innovationstage", Kongresse oder Workshops, in denen man sich einmal einen Tag lang an großen Papierleinwänden austoben darf. Im betrieblichen Alltag haben solche geistigen Höhenflüge nichts zu suchen. Das liegt nicht an dumpfbackigen Mitarbeitern, wie wir gerne unterstellen, sondern am System selbst, das nur ein einziges Ziel hat: Zu funktionieren. Funktionieren andererseits ist eine Grundvoraussetzung für Qualität, Verlässlichkeit und Weltstandards. Wir sollen nur nicht immer so tun, als ob Funktionieren spannend wäre. Im Gegenteil: Es ist extrem langweilig. Und letztlich ist es nur ein methodischer, kein qualitativer Unterschied, ob wir wie vor 100 Jahren am Band arbeiten oder uns täglich zwischen dutzenden von Vorschriften durchhangeln.

Aus dem gleichen Grund müssen wir auch nicht hoffen, dass Führungskräfte oder Vorstände ein Interesse an der langfristigen Weiterentwicklung ihrer Mitarbeiter haben. Entweder funktionieren diese an dem Platz wie vorgesehen oder sie werden ausgewechselt. Mitarbeiter zu entwickeln, bis sie den benötigten Standard erreicht haben – dazu fehlt Unternehmen in diesen extrem schnellen Roll-over-Zeiten genau dies: Die Zeit. Viel produktiver ist es, sich ein fertiges Endprodukt, in diesem Fall ein entsprechendes Mitarbeiterprofil, vom Markt zu kaufen. Die Personal-Verantwortlichen werden es nicht gerne hören, aber all ihre schönen Programme werden bald der Vergangenheit angehören.

Mitarbeiter, selber befragt, schätzen über den Daumen, dass sie die Hälfte ihrer Arbeitszeit damit verbringen, Prozesse am Laufen zu halten und rund 25 Prozent damit, sich „abzusichern"; dass 20 Prozent für „soziale Kontakte" draufgehen und sie nur 2-3 Prozent der Zeit Muße haben, einmal über den Tag hinauszudenken. Dass so etwas keine innere Zufriedenheit schaffen kann, liegt auf der Hand. Daran ändern auch alle Bespaßungsaktionen der Unternehmensleitung nichts.

Wer kreativ tätig sein will, der soll Maler, Bildhauer oder Musiker werden. In einem klassischen Unternehmen hat er nichts verloren. Wir werden diese Situation nicht von heute auf morgen verändern. Viel spricht dafür, dass sie sich eher noch verschärfen wird. Was wir aber tun können, ist, einen nüchternen Blick auf dieses System zu werfen und uns nicht täglich in die eigene Tasche zu lügen und zu wundern, wenn wir wieder einmal eine Statistik über tausende von heimlichen „Aussteiger" vor uns liegen haben. Wir müssen diese Widersprüche zum Thema machen. Sonst muss ich bei der nächsten Umfrage nach der Zufriedenheit am Arbeitsplatz wieder antworten: 5,3 %. Oder schätzen. Schätze ich.

.04

Kohlrouladen auf dem Herd
Januar 2013

Führung ist Kommunikation. Ein toller Satz.
Doch Kommunikation macht vielen Angst.
Man muss plötzlich sagen, was man denkt.

Sie kennen sicher diese majestätischen Dinge, vor denen wir unwillkürlich innehalten, die uns erschaudern lassen, vor denen wir uns ehrfürchtig ducken: Ein Sternschnuppen-Regen, Beethovens 5., ein Bild vom Mount Everest, ein Tropen-Gewitter, ein wortgewaltiger Satz aus der Bibel, der Musikantenstadl, eine Rede von Ronald Pofalla. All diese Alltäglichkeiten, bei denen uns bewusst wird, was für arme kleine Würstchen wir sind. Vor Kurzem kam mir wieder so ein Satz unter: „Führung heißt Kommunikation". Bohh, tief durchatmen, wie majestätisch. Wahrscheinlich sind solche Sätze auch nur deswegen majestätisch, weil wir sie nicht verstehen. Nehmen Sie mal Spinoza: „Das Sein ist in seinem Sein sein eigentliches Nicht-Sein". Da verbrennt einem vor lauter majestätischem Nachdenken glatt die Kohlroulade auf dem Herd.

Natürlich ist Führung erst mal nicht Kommunikation. Führung ist Führung und Kommunikation ist Kommunikation. Da wir weder Führung noch Kommunikation exakt definieren können, wird es auch nicht besser, wenn wir einen Satz daraus basteln. Das Wort Kommunikation ist wie eine Monstranz bei Fronleichnam: Man kann es wunderbar vor sich hertragen und anbeten. Wahrscheinlich ist das Wort nur deswegen so beliebt, weil es eine ideale Projektionsfläche abgibt für alles, was schief läuft.

Wenn mal wieder ein Projekt gegen die Wand gefahren wird, waren nicht die daran beteiligten Personen schuld, sondern die fehlende Kommunikation. Wurde sie nicht informiert? War sie krank? Warum hat sie gefehlt? Genauso beliebt ist der Satz: „Die Krisenkommunikation hat versagt". Sie versagt eigentlich immer, egal ob die Bahn im Sommer ihre Fahrgäste in ICE-Waggons durchgrillt oder die Deutsche Bank mal wieder den Leitzins manipuliert. Die Krisenkommunikation war dann zwar irgendwie anwesend, aber offenbar hat sie nicht begriffen, was sie zu tun hat. Nicht dass Sie glauben, privat wäre das anders: Scheidungen finden ja nicht deswegen statt, weil der andere einfach ein Hornochse ist, sondern weil „die Kommunikation" nicht gestimmt hat. Der Mensch ist, das ist das Schöne an der Kommunikation, eigentlich nie schuld.

Es ist aber auch wirklich ein Kreuz: Schon alleine präzise zu sagen, was wir wollen, fällt uns schwer und löst regelmäßig mittlere Tsunamis aus. Beispiele aus dem beruflichen Alltag gefällig?

- Der Azubi erklärt dem Chef eine tolle Idee. Dieser will ihn einfach nur aufmuntern und wirft ihm zu: „Schöner Gedanke". Überraschenderweise steht der Azubi vier Wochen später mit einem ausgearbeiteten Papier vor dem Chef und ist bass erstaunt, dass dieser von nix mehr weiß, und ist vom Chef schwer enttäuscht.

- Ein Mitarbeiter mit einem Ein-Jahresvertrag sondiert Verlängerungsmöglichkeiten. Der Chef erklärt ihm, wie zufrieden man mit seiner Arbeit ist und dass man den Vertrag gerne fortsetzen möchte. Was passiert zum Stichtag: Die Kündigung flattert auf den Tisch. Der Mitarbeiter ist fix und fertig und wirft dem Chef Täuschung vor.

- Drittes Beispiel: Der Chef fragt in der Führungskräfte-Runde eher mal so nebenbei, was eigentlich wäre, wenn man mal einen Börsengang prüfen würde. Zwei Tage später ruft ein Kunde an: Er habe gehört, es stehe ein Börsengang an. Ob das an der Geschäftsbeziehung etwas ändere. Der Chef fällt aus allen Wolken. Von einem Börsengang weiß er nix.

Kommunikation ist nicht nur anstrengend, sie ist meist auch unangenehm, löst neue Fragen aus, weckt Emotionen, trifft Eitelkeiten von Menschen, stößt auf Unverständnis, schafft neue Konflikte. Der Ruf nach mehr Kommunikation wird als Bedrohung des eigenen persönlichen Schutzraumes empfunden. Plötzlich muss ich als Führungskraft aus mir herausgehen, plötzlich soll ich mich öffnen, plötzlich muss ich Unangenehmes formulieren. Genau davor schrecken wir gerne zurück und verschanzen uns entweder hinter Newslettern, Unternehmensmagazinen und Schönwetter-Bulletins oder hinter den unsäglichen Sprach-Formeln, die glatt poliert daherkommen und jede Realität einfach wegbügeln: Statt groß posaunierter „Kreativität und Entfaltungsfreiheit" ist der Arbeitsalltag geprägt von Regularien und Bürokratie. Der Kunde steht in den meisten Unternehmen überall, nur nicht „an erster Stelle". Dem Menschen als „unserer wichtigsten Ressource" fehlt nur noch die Eigenschaft, ihn an der Börse täglich handeln zu können. Aber das wird schon noch kommen. Und die Vision „Wir wollen Marktführer in unserer Branche werden" besticht nur durch die Tatsache, dass man sich kaum ein langweiligeres Ziel denken kann. Kommunikation besteht eben nicht aus ein paar Floskeln, die wir wie Kleister einfach über die ganze verfahrene Chose in unseren Unternehmen gießen können. Sie verlangt nach Individualität, Stil, Charakter, Überzeugung und Persönlichkeit.

Sie selber, ja Sie, Sie sollen ja nicht zu Meistern der Rhetorik mutieren wie Aristophanes, die die Hände richtig halten können und auf Füllwörter verzichten. Sie sollen auch kein Obama werden und keine gesalbten Reden wie Joachim Gauck entwerfen. Kommunikation als Führungseigenschaft hat ja ein ganz anderes Ziel: Sie muss Vertrauen schaffen, muss Verlässlichkeit signalisieren, sie muss einen Wertekonsens zwischen allen Beteiligten herstellen und sie soll Fairness und Offenheit anstreben und Ziele definieren. Machen wir uns nichts vor: Die Welt, in der wir arbeiten, wird immer komplexer – und Sie als Unternehmer müssen sie verständlich machen. Sie müssen Menschen erreichen und sie auf ihrem unternehmerischen Weg mitnehmen können. Weil feste Werte nicht mehr existieren, müssen Sie über diese Werte Rechenschaft ablegen; und weil Sie als Unternehmer die Zukunft gestalten sollen, müssen sie beschreiben können, wie diese aussehen soll.

All das ist harte Arbeit im Detail. Es ist ein Kampf um Akzeptanz, um Aufmerksamkeit, um Überzeugung. Wer in der Lage ist, nach einem Projekt-Meeting schlüssig zusammenzufassen, wo man steht, übernimmt mit der Zeit ganz automatisch eine wichtige Schüsselrolle. Wer eine Entscheidung überzeugend begründen kann, wird über die Zeit zum stillen Meinungsführer, dem die Mitarbeiter sich zuwenden. Wer weiß, wie man Menschen im Kopf und in Ihrem Geist erreicht, wird mehr bewegen können als andere. Und wer eine klare Vorstellung davon hat, wie sein Unternehmen, sein Umfeld und unsere Welt insgesamt in Zukunft aussehen soll, der weiß auch besser, wie er über diese Zukunft reden muss, um andere mitzureißen. Kommunikation aber, und das kommt nun wieder ganz majestätisch daher, muss man nicht nur können, man muss sie auch – von ganzem Herzen – wollen.

.05

Kant hätte geweint
Juli 2013

Wir fordern Transparenz. Überall. Weltweit.
Doch sie ist nur eins: Anstrengend.
Und lenkt vom Wesentlichen ab: Dem fehlenden Vertrauen.

Frauen und Telefonrechnungen haben eins gemeinsam: Beide bleiben mir ein Rätsel. So ähnlich hat das glaube ich schon Helmut Schmidt gesagt, nur ohne Frauen. Da bei Frauen kein Fortschritt in Sicht ist, bin ich froh, dass es jetzt wenigstens bei meiner Telefongesellschaft vorangeht. Kürzlich hat der Vorstand Transparenz beschlossen. Ganz offiziell. Wofür, ist nicht so ganz klar, aber immerhin. Vermutlich hat es damit zu tun, dass wir besser nachvollziehen können, warum und wie wir täglich von den Kommunikations-Fuzzis über den Tisch gezogen werden. Das sagt natürlich so niemand - zu viel Transparenz wäre auch wieder nicht gut.

Der erste Schritt der Transparenz besteht darin, dass mein Kundenbetreuer überhaupt nicht mehr zu erreichen ist. Man hat wohl festgestellt, dass sich Menschen für eine so komplizierte Aufgabe wie die Transparenz eher weniger eignen. An die Stelle des Menschen sind Online-Pins und Passwörter getreten. Beide moderten bei mir jahrelang in irgendeiner Kiste vor sich hin, aber für die Transparenz ist mir nichts zu schade.

Sonder- und Abend-, Alten- und All-inclusive-, Schüler- und Wochenend-Tarife - ich gebe zu, auf der farblich hübsch gestalteten Webseite ist alles vorhanden: Jeder Tarif auf die Fidschi-Inseln ist einsehbar, keine Flat in das polnische Mobilnetz südlich von Warschau fehlt. Die SMS-Gebühren sind übersichtlich in 26 Kategorien mit jeweils vier Unterkategorien gegliedert, die minimal mit 0,067 Euro, maximal mit 4,50.- zu Buche schlagen. Wann welcher Tarif zur Anwendung gelangt, bleibt zwar nebulös, aber dafür kann ich jederzeit oder auch erst später in eine andere Flat 2000 XL wechseln. Die Wechselgebühr wird dann mit der einmaligen Anschlussgebühr, der Abstufungs- und der Zinsgebühr verrechnet. Nee, das Letzte war die Bank, jetzt komme ich schon ganz durcheinander. Wann ich kündigen kann, finde ich nicht sofort. Ich finde es, um ehrlich zu sein, überhaupt nicht. Ansonsten ist alles so detailliert und transparent, dass ich mich darin heillos verfange. Offenbar verliert Transparenz durch Über-Transparenz ihre Übersichtlichkeit, also – sich selbst. Man könnte den Eindruck haben, genau darauf legt es irgendjemand an.

Transparenz ist das Modewort des Jahres 2013, noch bevor 2013 überhaupt richtig begonnen hat. Es ist das Zauberwort schlecht hin. Keine Branche, keine Partei, keine Organisation, kein Unternehmen, in denen es nicht transparent zugeht. Transparenz adelt. Fast hat man den Eindruck: Was transparent ist, kann nicht schlecht sein: Managergehälter, die Kosten bei Stuttgart 21, Kennzeichnungen bei Lebensmitteln, die Eurorettung, die Zusammensetzung meines Stroms, die Abholbedingungen von Alt-Schrott, der amerikanische Geheimdienst, die Anti-Bestechungs-Richtlinien bei Siemens, die Beschreibung eines Zertifikates meiner Bank. Transparenz trennt die Welt in Gut und Böse.

Wer Zweifel an diesem ganzen Transparenz-Gedöns hat, hat wohl etwas zu verbergen. Wie ich. Denn ich habe Zweifel. Wenn zu viele Leute mit zu viel Inbrunst zu lange dasselbe sagen, beginne ich nachzudenken. Das ist bisweilen eine hilfreiche Fähigkeit. Ich finde Transparenz anstrengend. Transparenz überfordert uns. Wir glauben, Dinge zu verstehen, die wir letztendlich doch nicht begreifen.

Transparenz heißt ja nicht, ellenlange Texte zu schreiben und den Kunden mit so vielen Details zuzuschütten, dass er völlig die Besinnung verliert. Ein Kurzprospekt für ein Anlagezertifikat meiner Bank umfasst heute bereits 4-5 Seiten. Zu verstehen ist es nur mit einer akademischen Zusatzausbildung in Finanz-Sprech. Transparenz heißt auch nicht, uns Nebensächlichkeiten als wichtig zu verkaufen. Die Gesamtvergütung eines Bankvorstands wird ja nicht durch die reine Zahl interessant, sondern dadurch, dass ich verstehe, wie sie zustandekommt: Verdient er viel, wenn er auf meine Kosten spekuliert? Was spekuliert er überhaupt? Darf er überhaupt spekulieren? Wie sehen seine Arbeitsrichtlinien aus? Was macht er den ganzen Tag? Doch davon lese ich leider gar nichts.

Ich würde diese ganze Transparenz auch gar nicht brauchen, wenn ich Vertrauen hätte. Vertrauen in Menschen, Firmen, Parteien und Organisationen. Doch damit ist es leider nicht weit her. Solange ich aber den Eindruck nicht loswerde, dass mich ständig alle irgendwie behumpsen wollen, hilft mir auch die Transparenz nicht weiter: Sie ist der untaugliche Versuch, das verloren gegangene Vertrauen in unsere wirtschaftlichen und politischen Eliten zu ersetzen. Wenn ich beispielsweise wüsste, dass, nehmen wir mal Maggi, dass also Maggis oberstes Ziel ist, sich um meine Gesundheit und mein Wohlergehen zu kümmern, dann könnten sie sich den ganzen Sprachschmodder auf der Rückseite des Etikettes gerne sparen. Solange ich aber überzeugt bin, die Pampe solle nur möglichst günstig hergestellt werden, glaube ich all dem nicht. Ich benötige auch keine seitenlange transparente Anleitung im Internet, wie ich einen Heizstab aus einer Waschmaschine einbaue, wenn ich Service-Kräfte hätte, die das schnell, verlässlich und zu einem fairen Preis erledigen. Und die auch kommen, wenn ich sie brauche.

Letztlich entlastet die angebliche Transparenz auch Lieferanten und Firmen und befeuert den gesamten Do-it-yourself-Markt: Noch nie waren Gebrauchsanleitungen so ausführlich und transparent wie heute in 37 verschiedenen Sprachen. Doch wenn ich das Gerät mit seinen Sonderfunktionen aufgebaut und verstanden habe, ist wahrscheinlich seine Lebenszeit schon wieder vorüber und ich kann ein noch neueres Gerät mit noch mehr überflüssigen Funktionen und noch neueren Anleitungen aufbauen. So hält die Industrie mich beschäftigt. Hat sich Transparenz vielleicht zu einem hinterhältigen Marketing-Instrument entwickelt, um uns noch leichter zu überlisten und von wesentlichen Fragen abzulenken? Immanuel Kant hätte wohl geweint. Aufklärung hat er sich anders vorgestellt.

Je länger ich darüber nachdenke, desto logischer wird es: Viele Diskussionen brechen genau in dem Moment in sich zusammen, in dem die Forderung nach Transparenz erfüllt ist, ist Ihnen das schon mal aufgefallen? Dann lehnen wir uns zufrieden zurück, als hätten wir einen Hirsch erlegt. Obwohl nichts gelöst ist. Über die Nebeneinkünfte von Abgeordneten redet niemand mehr, seit eine lange Liste in der Bundestagsverwaltung ausliegt. Seit unsere Eier rundherum und transparent mit roten Hieroglyphen bedruckt sind, gibt es kaum mehr Diskussionen über die Hühner- oder Käfighaltung. Die Hieroglyphen sind zwar schön, doch ich bezahle mein Geld nicht dafür, dass ich stundenlang über europäischen Eiervorschriften brüten muss – denn es warten auch noch die Öko-Vorschriften für Rasendünger, Motoröl und die chemische Analyse von 14 Zahnpasta-Proben. Das kostet Zeit. Und es ist meine Zeit. Und Zeit ist ein knappes Gut.

Mein Geld zahle ich ja nicht für das Produkt, sondern ich zahle es ein in die vertrauensvolle Beziehung zum Hersteller. Es ist eine Vertrauensprämie. Dafür, dass ich dem, was gesagt, getan, produziert oder alles so angestellt wird in Wirtschaft und Politik, vertrauen kann. So verstehe ICH das zumindest. Transparenz ist da ein gefährliches Elixier, weil sie vom Wichtigen ablenkt: Von der Wiedergewinnung eben dieses Vertrauens in diejenigen, denen wir uns anvertrauen. Solange sich da aber nichts tut, sind mir die Frauen, trotz aller Intransparenz, dann doch um vieles lieber.

.06

Triumph im Badezimmer
August 2006

Der Mensch strebt nach Schönheit. Bisher meist erfolglos.
Das wird besonders deutlich im Bad,
wo ihm inzwischen jeder ordinäre Wasserhahn
glatt den Rang abläuft.

Unser Leben, dieses funktionslose Suchen nach Sinn, wird immer dann spannend, wenn man gezwungen ist, einen Moment zu verweilen und dabei Gelegenheit hat, das vermeintlich Alltägliche zu hinterfragen. Etwa beim Zähneputzen. Früher war Zähneputzen in 10 Sekunden erledigt, aber seit es dafür im Heftchen des Zahnarztes keine Bonuspunkte mehr gibt, surrt der elektrische Putzstab bei mir wie vorgeschrieben drei Minuten im Mund umher. Jeden Tag. Dabei kommt man sich und den Dingen an sich sehr nahe.

Warum eigentlich, so fragte ich mich letzte Woche vor dem Spiegel, sitzt eigentlich unsere Nase, ein äußerst unschönes Gebilde, mitten im Gesicht? Was gibt es in rund 1,70 Meter Höhe auf dieser Welt positiv zu riechen außer Knoblauchfahnen, Pizzabrötchen und Thüringer Bratwurst? Warum straft uns Gott dermaßen? Säße die Nase am Fuß, würde man wenigstens ausströmendes Gas sofort mitkriegen und könnte sich noch für einen Kinobesuch entscheiden, bevor das Haus in tausend Stücke fliegt. Nach solch weitreichenden Überlegungen sind die drei Minuten meist schon rum.

Am nächsten Tag zählt man dann vielleicht die Pickel am Arm oder betrachtet den Wasserhahn vor sich. Früher hatten alle Wasserhähne etwas Devotes an sich, als wollten sie sich, seit Jahrtausenden stets an ihrem Ende nach unten gewölbt, vor einem verneigen, ist Ihnen das schon mal aufgefallen? Das Produkt, so war wohl die Botschaft, unterwirft sich dem Kunden, die Technik dem Menschen. Da geht man nach dem Zähneputzen gleich viel selbstsicherer in sein Büro, etwa ins Atomkraftwerk oder zum Berliner Flughafen, wo die Technik noch nicht richtig begriffen hat, dass sie dem Menschen untertan zu sein hat. Die meisten Menschen denken ja, ihr Optimismus käme von der Nutella oder vom Fitnessstudio. Dass das vom Wasserhahn kommt, merken sie gar nicht.

Doch diese Zeiten sind ohnehin vorbei. Entweder kommt der Wasserhahn heute wie ein überdimensionaler Schwanenhals daher, Ehrfurcht einflößend und schwenkbar nach allen Seiten, als müsse er sich gegen einen imaginären Angreifer verteidigen. Die Technik mutiert hier in die Opferrolle, weil sie, symbolisch gesehen, neben dem Menschen ihren Platz in der globalen Welt sucht. Oder er verneigt sich überhaupt nicht mehr, sondern zielt schnurgerade auf den Bauchnabel, wenn man davor steht. Da zeigt sich das neue aggressive Selbstbewusstsein der Hersteller: Kampf um Marktanteile, Kampf um den Kunden, wenn es sein muss direkt über den Bauchnabel. Leider muss ich mich, Bauchnabel hin, Bauchnabel her, immer noch wie ein chinesischer Torsionist verbiegen, wenn ich das aus den modernen Hähnen fließende Wasser trinken will, weil ich keine Kuh bin, die einfach ihre Zunge unter den Strahl hält und dort stundenlang herumschlabbert. Außerdem kriegt man kaum Wasser in den Putzeimer, weil alles wieder rausfließt, wenn man den Eimer unter dem aggressiven Schwanenhals hervorholt.

Eines ist erstaunlich: Aus allen modernen Wasserhähnen kommt wirklich Wasser. Das ist in Zeiten, wo wir auf der Uhr Fernsehen gucken oder mit dem Handy Musik hören, nicht selbstverständlich. Man könnte ja auch auf die Idee kommen, das Rohr mit dem Apfelsaftvorrat im Keller und der Milchtüte im Kühlschrank zu verbinden, wahlweise auch mit dem Blumendünger oder – bei Anwesenheit weniger guter Freunde im Haus – mit der Flasche Maulwurfvernichter oder Flüssigsprengstoff im Keller. Über ein formschönes Panel ließe sich das dann gezielt je nach Bedarf steuern oder mixen.

Es ist auch keineswegs selbstverständlich, dass man den Wasserhahn unschwer als solchen erkennt, selbst wenn er wie ein indianisches Pusterohr aussieht. Da wir heutzutage alles für möglich halten, findet die Identifikation von Gegenständen eher dadurch statt, dass sie genau an der Stelle sitzen, wo wir sie vermuten. Selbst wenn über dem Waschbecken eine verrostete Maulwurfsfalle angebracht wäre, würden wir an ihr zunächst den Schalter für kalt und heiß suchen. Das können Sie leicht nachprüfen: Steht an einer Bushaltestelle ein x-beliebiger großer schwarzer Kasten, vermuten Sie instinktiv einen Fahrscheinautomaten und suchen verzweifelt nach dem Geldschlitz. Liegt bei einem Dinner rechts neben Ihrem Teller ein unförmiger Gegenstand, argwöhnen Sie ein Messer und versuchen damit zu schneiden. Die Wahrnehmung in unserer Welt läuft über funktionale Vermutungen, keineswegs über den Gegenstand an sich.

Technisch gesehen ist der Wasserhahn weit hinter seiner Zeit zurückgeblieben: Weder gibt es eine Fernbedienung noch reagiert er auf Spracherkennung. Displays, mit denen wir uns die Zeit vertreiben, indem wir während des Duschens Wasserdichte, Kalkgehalt oder die Mineralienzusammensetzung studieren, sind unbekannt. Das Modernste am modernen Hahn ist der Joystick, der sich inzwischen durchgesetzt hat, also jener kleine Hebel, den ich in alle Richtungen drehen kann, wobei, je nach Lage des Hebels, links oder vorne heiß, rechts oder hinten kalt, querrechtsvorne lauwarm stark und mittelinkshintenquer etwa handwarm schwach bedeutet. Man muss das trainieren wie ein Pilot im Airbus A320, das geht auch nicht von einem Tag auf den anderen.

Die Italiener im Übrigen, stets schon ein eigenes Völkchen, halten wenig vom Joystick. Da sie offenbar von dem ganzen Kunstzauber und den Putten und Engeln mit ausgebreiteten Armen in ihren Kirchen genug haben, haben sie sich an die Spitze der Hahn-Modernisierer gesetzt: Ihr Modell Bio Shock beispielsweise, hergestellt von einem gewissen Signore Frattini, einem modernen Michelangelo, besteht nur aus Rohr und einem Block. Nichts weiter. Wirklich nichts. Dem Verkaufspersonal in zwei Mainzer Fachgeschäften gelang es nicht, dem Hahn Frattini Wasser zu entlocken. Immerhin entschuldigte sich die Dame, sie sei noch nicht so lange da. Erst gegen Abend stellte sich heraus, dass sich der obere Teil des Blocks nach rechts drehen ließ. Die Frage, wo man dann kalt und heiß einstellen könne, beantwortete der herbeigeeilte Chef: Die Rechtsdrehung beim Hahn Frattini bewirke eine Erkaltung des Wassers, der Wasserstrahl dagegen bleibe immer gleich stark. Danach, wohl als Ausgleich, bot man mir die Brause-Dampfbad-Kammer der Firma Riho an. Das Bedienungspanel des Modells ähnelt dem in einer Saturn-V-Rakete und es hätte mich nicht gewundert, wenn die ganze Brausekammer dann auch gleich durchs Metalldach abgehoben hätte.

Zwar wird das moderne Wohlfühl-Bad immer schöner, weißer und runder und eleganter, mit blauen Lämpchen in der Badewanne, Zweiplatz-Dampf-Duschkabinen mit

Melissezuführung, Radio und Nothalteknopf, Spiegeln rundum, Musik im Jacuzzi, per Sensor sich schließenden Türen und allem möglichen weiteren Schnickschnack. Das Einzige, was wirklich stört, ist der Mensch. Sein heute erreichter Intelligenzstand, man muss das so offen sagen, reicht für die futuristischen Gewirke im Bad nicht aus, was man erkennt, wenn er mit seinen Armen ungelenk am feinfühligen Sensor vorbeifährt und das Wasser urplötzlich und brühheiß hervorschießt, weil die Mischbatterie leider gerade falsch stand. Oder wenn er die einfachste Bedienungsanleitung in der Badewanne nicht versteht und ihm das Wasser von oben auf den Kopf rauscht, obwohl er nur den Stöpsel unten am Boden schließen wollte. Symbolisch gesehen sagt uns eine verheerende Sturmflut an der Nordseeküste dasselbe wie ein Wasserhahn der Moderne: Wasser ist Teil der Natur und damit vom Menschen nicht beherrschbar.

Der Mensch stört im Frattiniland auch deswegen, weil er designmäßig nicht mithalten kann. Im Bad fällt das besonders auf, weil es der einzige Ort ist, an dem unsere ganze Natürlichkeit, vom Senkfuß bis zum Flatterohr, direkt zutage tritt: Eine über Jahre gewachsene Speckfalte ist eben etwas anderes als eine formschöne dänische Dampfdüse. Wenn der Mensch wenigstens perfekt funktionieren würde, könnte er seine Designschwäche im Bad ja durch hohe Funktionalität ausgleichen. Aber selbst das schafft er nicht: Er neigt, kulturübergreifend, dazu, nasse Handtücher rumliegen zu lassen statt sie regelmäßig auf die chice neue Wärmehaube zu legen. Ebenso besitzt er ein Gen, das ihn veranlasst, die Glasplatte vor dem Spiegel durch tausende von Scherchen, Sälbchen, Zahnbürsten, Wimperntusche, Kämmen oder Abschminktüchern zu verunstalten. Er fegt, seit Jahrhunderten, die Haare im Waschbecken nicht ordentlich weg, spritzt mit der Zahnpasta rum und lässt die Hornschnipsel beim Zehennägelschneiden unkontrolliert durchs Bad fliegen.

Offenbar braucht das Bad, wie sich zeigt, nicht nur perfekt geformte Dampfdüsen, sondern einen Schuss Unvollkommenheit. Deshalb sollten wir heilfroh sein, dass es nach wie vor von der Wand ploppende Handtuchhalter aus chinesischem Plastik gibt, Toilettpapierhalter hinter einem, an die man nur mit der Gelenkigkeit eines Reckturners herankommt, oder Duschköpfe, die einem wie beim Kickboxen gegen die Schläfe schleudern, wenn man sich gerade entspannt umdrehen will. Die Frattinis dieser Welt sollen ruhig weiter an ihren utopischen Bad-Gewerken rumbasteln, um die Menschlichkeit am Wasserhahn müssen wir uns wohl weiterhin selber kümmern.

.07

Bei Bauch und Whiskey
September 2006

Der alte mittelständische Patriarch stirbt aus, sagt man.
Doch der neue ist längst schon da.
Man erkennt ihn nur nicht sofort.

Kürzlich saß ich vor meiner Schrankwand „Göteborg" und dachte nichts. Ich dachte wirklich nichts. Meine Partnerin behauptet, das sei unmöglich und ich wolle ihr nur nicht sagen, was ich gerade dächte. Frauen dächten immer. Mir gehen beim Alleindenken zwar tausend Dinge durch den Kopf, die einen eben tagtäglich so berühren – der Furunkel am Fuß, meine Aktien, Sex, Golf oder Wattwürmer. Aber richtiges Denken ist das nicht, so wie bei Spinoza oder Kant, wo ein Argument auf's andere baut, wo die Logik messerscharf zuschlägt. Wo man sofort beim Nachdenken gewusst hätte, dass DaimlerChrysler ein Desaster wird. Oder dass Hedgefonds die größten Raubritter sind, die es je gab. Kant hätte das herausgefunden, das versichere ich Ihnen. Aber so können die wenigsten denken. Vieles, oftmals Entscheidendes, wird einfach, ganz ohne Spinoza, aus dem Bauch heraus entschieden. Wie bei Jürgen Schrempp. Oder dem Patriarchen.

Denn der mittelständische Patriarch, ich muss diesen gedanklichen Sprung erklären, ist der Urtyp des Bauchmenschen. Bei Whiskey und Teakholz trifft er einsame

Entscheidungen, die er dann zum Mittagessen, nach der Tomatensuppe, der erstaunten Familie kundtut. Ein Leader eben, der einfach weiß, was zu tun ist. Da sitzen die Entscheidungen noch, da überlebt die Firma 140 Jahre. Das Unternehmen ist ein Hort des Friedens. Ethik, Moral und Tradition werden hochgehalten: Jeder Lehrling kennt die Unternehmensgeschichte, wie dem Gründer, einem noch älteren Herrn, beim Entenfüttern irgendein Zwiebackrezept einfiel und er seitdem die Welt mit dem Gebrösel aufgerollt hat. Für jeden ordentlichen Patriarchen gibt es eine Straße auf seinen Namen, eine Siedlung mit Sozialwohnungen und Erben, die sich zwar gegenseitig die Köpfe einschlagen, aber ordentlich zum Familienfoto antreten. Fusions- und andere Desaster, wie sie Horden von Beratern, Strategieabteilungen und anderen Klugmenschen in modernen Zeiten hinbringen, sind in diesem Milieu einfach unbekannt. Leider stirbt der Patriarch jetzt aus. In der modernen Welt kann er einfach nicht mehr mithalten. Das geht alles viel zu schnell für ihn. Plötzlich ist der Zwieback bei irgendeinem Hedgefonds gelandet und schon an die Chinesen weiterverkauft, da hat der Patriarch noch nicht mal seinen Tee ausgetrunken.

Heute ist der Mittelstand, frei von tütteligen älteren Herren, in einer ganz anderen Verfassung: Heute haben junge weltgewandte Top-Manager um die 40 das Ruder übernommen, Genies, die Weltruf erlangen, weil bei ihnen die Gummibärchen nicht mehr zusammenkleben, globale Strumpfhosenlogistiker, millionenschwere Dackelhemdenhersteller oder innovative Sprühlackierfirmen, die dafür sorgen, dass ein Ortsname auf dem gelben Ortsschild auch bei Hagelschlag nicht leidet. Es sind diese Alltäglichkeiten, die der Mittelstand regelt, ohne dass es uns auffällt. Wahrscheinlich ist er uns deshalb auch so sympathisch. Denn irgendwie habe ich noch nie ein kritisches Wort gegen einen Mittelständler gelesen. Der

Mittelständler schwimmt grundsätzlich auf einer Welle der Sympathie, wahrscheinlich, weil wir immer noch an den Bäcker um die Ecke denken, den bemitleidenswerten Wurm, der um 2 Uhr aufstehen muss. Oder weil wir genug von den Hartmut Mehdorns dieser Welt haben, bei denen sich unsere Nackenhaare unkoordiniert wie bei einem Schwanenpinguin aufstellen. Dabei ist Mittelstand heute völlig anders: Er besteht aus Chefs, die am Morgen mit einer Thai-Massage beginnen, bevor sie abends in Hokkaido landen, um den Fernostvertrieb für knitterfreie Bademantelschlaufen hochzuziehen und auf dem Rückflug die Innovationspreise für Internationalität und ethisches Denken sowie den Wachstumspreis des japanischen Wirtschaftsministeriums entgegenzunehmen. Diverse Mittelstandsorgane platzieren den Bademantelchef auf der ersten Seite, Einladungen zu Talkshows und Vorträge auf Mittelstandstagen der IHK sagt er bis ins Jahr 2011 hinein ab. Er eilt durch antiseptische Fabrikationshallen, gegen die das Atomkraftwerk Krümmel wie ein lästiger Schrotthaufen wirkt. Es ist eine Welt der Moderne, der Kreativität, des sympathischen Wohlwollens. In dieser Welt der dynamischen Bademantelchefs gibt es keine Crommes oder Piechs, die im breiten Publikum unbeliebt sind wie Feuerquallen; keine Versicherungschefs oder Telefon-Compagneros, deren Konzerne mehr die Welt der Bordell-Skandale, der Bestechung und des Daten-Klau verkörpern. Der Mittelstand verkörpert nur freudige Dinge. Gerne decken wir die Mäntelchen der Nächstenliebe dabei auch über die schwächelnden Kandidaten oder die, die überhaupt keine Strategie haben. Man sollte bisweilen aber genauer hinschauen, denn hinter den makellos inszenierten Entrepreneur-Galas und hundertfachen Weltmarktführer-Huldigungen zeigt sich ein viel kritischeres Bild. Immerhin produzieren die neuen Mittelstands-Genies noch immer 30.000 Konkurse jährlich, wobei über die Zahl ihrer strategischen Fehlentscheidungen, die tausende von Mitarbeitern gerade noch am Abgrund vorbei führen, überhaupt niemand Buch führt.

Wie sollte es auch anders sein, wo viel zu viele junge unerfahrene Erben, theorielastige MBA-Absolventen, experimentierfreudige Kreative oder in Großkonzernen gescheiterte Manager ohne fundierte Projekt- und Führungserfahrung ans Ruder gelassen werden. Ob Geschäftsführer, Inhaber oder Gesellschafter: Der neue Chef-Typus im Mittelstand mag keinen Whiskey mehr trinken, Entscheidungen trifft er heute, meist unter hohem Zeitdruck, genauso zufällig, isoliert und alleine wie weiland sein Vorgänger. Die Entscheidungsstruktur im Mittelstand ist allzu oft und immer noch auf den Mann an der Spitze ausgerichtet, auf Gedeih und Verderb. Von freier Diskussionskultur sind die Unternehmen meist weit entfernt: Niemand wird Widerworte wagen, jeder brav umsetzen, was der Bademantel-Chef sagt. Die Kantsche Logik sagt einem, dass genau so das klassische Umfeld für Fehlentscheidungen, Missmanagement und schwere Unternehmenskrisen aussieht.

Inzwischen klagen die innovativen Bademantel-Chefs des Mittelstands, die wie Formel-1-Fahrer Robert Kubica mit 300 km/h oftmals orientierungslos dahinrasen, selber über Isolation, fehlende Ansprechpartner und frühe Burn-out-Syndrome. Ob sie es ernst meinen, bleibt dahingestellt, denn Isolation ist ja keinesfalls nur ein bedauernswertes individuelles Schicksal, sondern gerade im Mittelstand ein machtvolles Herrschaftsinstrument, das man gerne hegt und pflegt. Erbsensuppenabende bei der IHK, kaffeegetränkte Mittelstandstage oder gemeinsame Flights im Golfklub mögen Fluchtpunkte aus der Einsamkeit des Aluminiumbüros sein, aber eben kein Weg, um die - gewollte oder ungewollte - Isolation an der Spitze und damit den wesentlichen Schwachpunkt im Mittelstands-Management zu beseitigen. Der moderne Patriarch liebt seine Rolle genauso wie der alte. Deshalb wird der Abschied von ihm noch eine ganze Weile dauern.

.08

„Wo stehen wir eigentlich im Moment?"
Juni 2011

*Kluge Sprüche sind für Berufseinsteiger so überlebenswichtig
wie die Feuerleiter bei einem Inferno.
Wer Karriere machen will, sollte wissen:
Kluge Sprüche schlagen jede Strategie.*

Wer heute in einem Unternehmen anfängt, hat es schwer: Man findet die Kantine nicht, es gibt keine Gehaltsvorauszahlung und was der Schrottladen überhaupt anbietet, erschließt sich einem frühestens beim Bierabend mit einem vermeintlichen Vorstand, der sich dann als ehemaliger Praktikant aus dem Jahr 1960 herausstellt. Es geht aber darum, sich in den ersten Tagen in der neuen Firma zu behaupten, sofort Kompetenz zu beweisen, dem Mobbing des Pförtners zu entgehen, der konsequent die Parkschranke schließt, wenn man kommt; oder den IT-Fuzzis, die behaupten, es gäbe einen in der Datenbank gar nicht. Die ersten Tage sind die wichtigsten. Haben Sie fünf Jahre studiert, um jetzt Kaffee zu holen oder Protokoll zu schreiben? No, Sir-Madame. Wir geben Ihnen hier ein paar ganz praktische Ratschläge, die sie sich vor der Parkschranke noch schnell reinziehen können, um erfolgreich die ersten Herausforderungen zu bestehen.

Etwa wenn, was fast täglich passiert, ein wichtiges Meeting ansteht, zu dem Sie nichts, aber auch wirklich gar nichts beizusteuern haben. Sie verstehen nicht mal, worum es eigentlich geht. Doch mit unserer Hilfe bestehen Sie auch solche Krisenmomente, drehen in wenigen Worten das ganze Gespräch mit dem ...

KARRIERE-SPRUCH NUMMER 1: „Wo stehen wir eigentlich im Moment?"

Eine Frage mit der Kraft eines Vulkanausbruchs: Wo stehen wir eigentlich? Wer bin ich? Was will ich hier? Das gibt dem Unternehmen jene Tiefe, die ihm bis zu Ihrem Erscheinen gefehlt hat. Sie warten mindestens 45 Minuten, bis die Kekse aus sind und die erste Birne am Beamer durchknallt. Genau das ist Ihr Moment: „Wo stehen wir eigentlich im Moment?" Tonlage wie Christian Wulff oder Eugen Drewermann. Das Protokoll wird später notieren „Kurzes, angestrengtes Schweigen", denn niemand weiß in einer Besprechung, wo man gerade steht. Niemand. Die Diskussion war wieder mal völlig chaotisch. Erstens sitzen alle. Und stehen nicht. Die Frage entlädt die subtil-knisternde Spannung, sie wirft ein Netz über die dahindämmernde Gruppe wie ein Alaskafischer über die Blauweißmurmelschollen oder was immer da oben rumschwimmt.

Zweitens ist die Souveränitätshöhe, die Sie mit der Frage besetzen, noch oberhalb der Vorstandsposition angesiedelt. Sie dürfen nur jetzt nicht schneuzen oder Ihr Handy klingelt, dann ist der Nimbus dahin. Falls Ihr Handy nicht klingelt, wird jemand murmeln „Tja", ein zweiter „Hmmm", der Protokollant wird auf die Tagesordnung schauen, wo das aber auch nicht steht und ich sage Ihnen: Selbst dem Chef des Ganzen wird nix einfallen auf ihre Frage.

Es ist eine Überfalltötungsfrage, eine, mit der Sie eindrucksvoll belegen, dass Sie mehr können als Ihre Hose auf Kante zu legen. Sie empfehlen sich als Moderator für alles Mögliche und nichts. Denn es ist die einzig vernünftige Frage, die in diesem Meeting bisher gestellt worden ist. Man wird Ihnen die Weitermoderation anbieten, sie sofort mit der Personalabteilung verlinken und als Referent für den Fortbildungskurs "Jüngere Führungskräfte SIII-PII" im hauseigenen Schulungszentrum im südlichen Odenwald (Pinienwald-Bewuchs) einplanen. Bitte vorher abends da sein, lockeres Hemd. Sofern sie ein lockeres Hemd haben, wird der Vorstand, der im Pinienwald-Bewuchs bereits in intensiver Weinrunde seine Scherze dreht, Sie hinzuholen, Ihnen auf die Schulter klopfen und erklären, dass Ihre Frage zum Titel des nächsten Geschäftsberichts erkoren wurde: „Wo stehen wir eigentlich im Moment ...?" Das sei die neue offene Art, die die Öffentlichkeit heute wünscht. Anerkennendes, bierhumpenlächelndes Gemurmel des Gesamtvorstands. Sie werden gebeten, für ein kurzes Porträt Ihren Lieblings-Schauspieler und Lieblings-Film doch bitte bis morgen im Vorstandssekretariat bei Frau Hühnefeld abzuliefern: „Ach nee, Frau Hühnefeld kriegt ja`n Kind, dann bitte an Frau Lachmeier. Na, Sie werden noch was bei uns, wenn Sie so weitermachen. Wie heißen Sie?"

Verfolgen Sie auch die weiteren 9 Karrieresprüche, die helfen, Sie in kürzester Zeit in Positionen zu hieven, in denen Sie endlich mit dem Vermögen des Unternehmens an der Börse rumspekulieren und die Tagesgewinne aufs eigene Konto leiten können. Seien wir ehrlich: Nur dafür machen Sie doch den Job. Die nächsten vier Sprüche können Sie schon mal vor dem Spiegel üben. Sie müssen demütig und überzeugend, teamorientiert und arrogant gleichzeitig daherkommen:

KARRIERESPRUCH NUMMER 2: „Wird der Markt das akzeptieren?"

KARRIERESPRUCH NUMMER 3: „Haben wir dabei alle eingebunden?"

KARRIERESPRUCH NUMMER 4: „Wir sollten auch mal Regeln verletzten."

KARRIERESPRUCH NUMMER 5: „Mir hat dieses Meeting jetzt zu lange gedauert."

.09

Abschied beim Beaujolais
Juli 2013

Die innere Kündigung hat auch ihre guten Seiten:
Sie geht schnell.
Und Bonus und Weihnachtsfeier sind gerettet.

Es gibt Dinge, die regelmäßig in unserem Leben auftauchen, so überflüssig sind wie ein Kropf und schnellstmöglich wieder in Vergessenheit geraten sollten: Weltuntergangs-Kometen, aggressive Hunde im Wald, Schweinegrippen, Karies, auch Koch-Shows und Glassplitter in Getränkeflaschen. Genauso ist es mit Statistiken zur inneren Kündigung von Mitarbeitern. Diese Statistiken messen, ob der Mitarbeiter noch voll dabei ist, wenn er einen Aktenberg abarbeitet oder ob er heimlich twittert oder einen Porno auf dem Smartphone guckt. Oder ob er überhaupt nix guckt und tut.

Diese Umfragen, die immer dann erhoben werden, wenn sonst nichts los ist, verbreiten Angst und Schrecken und führen uns eindrücklich vor Augen, dass die Welt entweder durch einen Aktien-Crash, den Klimawandel oder innere Kündigungen zugrunde geht: Angeblich hat jeder zweite Arbeitnehmer innerlich gekündigt oder steht kurz davor; oder überlegt es sich zumindest; oder hat schon mal vorsichtshalber nachgelesen, was das überhaupt ist. Die roten Säulen auf den Auswertungs-Folien auf jeden Fall werden von Jahr zu Jahr länger und die Chefs und Führungskräfte immer blässer. Dann werden hundertfach Workshops und Kommunikations-Offensiven angeschoben oder Kinderspielecken aus dem Boden gestampft. Die Arbeitswelt wird schön gemacht wie ein Balkon mit Geranien - mit dem immer gleichen Ergebnis: Die roten Säulen werden beim nächsten Mal noch länger.

Da Untersuchungen zur inneren Kündigung meist flächendeckend erfolgen, kann sich jeder Unternehmer beruhigt dem Gedanken hingeben, dass diese unmotivierten Kostgänger natürlich ausschließlich beim Saftladen der Konkurrenz zu finden sind. Wenn diese Interpretation freilich richtig ist, bedeutet sie, dass letztlich, flächendeckend gesehen, die Statistik in sich zusammenbricht und nur ein paar unrasierte und tätowierte Haudraufs übrig bleiben, die sowieso niemand haben will. Das wiederum kann auch nicht sein.

Wir sollten zu den Ergebnissen stehen, sie aber viel positiver interpretieren: Denn die innere Kündigung von immerhin fast halb Deutschland führt ja keineswegs dazu, dass Mitarbeiter in Scharen die Unternehmen wechseln. Ganz im Gegenteil. Auch der Krankenstand hat nicht zu-, sondern abgenommen. Offenbar ist die innere Kündigung etwas ganz anderes: Nämlich die Voraussetzung dafür, sich freiwillig zu entscheiden, dort zu bleiben, wo man gerade ist. Das überrascht Sie jetzt, oder? Aber so ist es. Obwohl ich überall einen neuen Arbeitsplatz bekommen würde, wenn ich mich bemühe, weil wir einen nachfragegetriebenen Arbeitsmarkt haben, umfasst die innere Kündigung in der Regel – konservativ geschätzt – so etwa 100 Kilometer um den jeweiligen Arbeitsplatz herum, damit man ja keinen Vorwand hat, irgendwo anders hingehen zu müssen.

Die innere Kündigung ist also gar keine Kündigung,

sondern ein neuer Vertrag mit sich selbst: Ich selbst entscheide, was ich wie und wie lange mache und wo ich bleibe und mir meine Zeit totschlage und nicht dieser unfähige Vorstand, der ständig nur das Unternehmen umkrempelt, keine Strategie hat und mir auch sonst gestohlen bleiben kann. Neben den offiziellen Arbeitsvertrag packe ich sozusagen meine eigene Vereinbarung mit mir selbst. So eine innere Kündigung mit anschließender Selbstvereinbarung kann man getrost abends zwischen Beaujolais und Pinot Grigio auf der Terrasse erledigen, wenn man nach drei Glas Wein zur Auffassung kommt, es sei jetzt mal an der Zeit für die innere Kündigung. Das spart nicht nur Zeit und Kosten für Anwälte und Termine vor Gericht. Auch die Kollegen halten einen endlich wieder für normal, weil ich dem hippen Zeitgeist folge: Mich selbst zu bestimmen. Meist wird das mit der Selbstbestimmung in der Praxis dann schwierig, aber mit der inneren Kündigung demonstriert man Distanz, ohne die ganzen Vorteile aufzugeben, denn die innere Kündigung gilt in der Regel ja nicht für die Urlaubsregelung, den Betriebsausflug, den Betriebskindergarten, den Firmenlauf, die Überstundenregelung und die Weihnachts-Sause. Das wäre ja noch schöner.

Auch für den Unternehmer ist die innere Kündigung eine gute Sache: Wer nur noch routiniert seine Arbeit runterspult, macht keinen Rabatz, fordert nicht ständig Kreativität und Selbstverwirklichung und dient damit dem, was das Unternehmen am dringendsten braucht: Menschen, die funktionieren. Der Unternehmer wird deshalb, wenn er praktisch denkt, einen Teufel tun, irgendetwas zu verändern. Das wird zwar der Gewerkschaft, der SPD und der Evangelischen Kirche nicht gefallen, die deshalb auch allesamt und ständig Mitglieder verlieren. Aber was wollen wir eigentlich im Büro? Was erwarten wir von dieser Arbeitswelt? Abwechslung, spannende Aufgaben, ein angenehmes Arbeitsklima? Schön. Doch leider ist es immer noch und ganz einfach so, dass wir in der Regel bezahlt werden, um eine vorher definierte Leistung zu erbringen. Nicht mehr und nicht weniger. Kein Unternehmen hat sich je verpflichtet, für unser Glück, unsere Zufriedenheit oder unsere Selbsterfüllung zuständig zu sein. Das definieren wir einzig und alleine selbstherrlich in dem Vertrag mit uns selbst. Logischerweise müssen wir uns dann auch selber darum kümmern. Und das ist – leider – anstrengend.

Wer zu viel von Unternehmen erwartet, wird sich in der globalisierten Welt noch umgucken in den nächsten Jahren. Wir werden schon zufrieden sein, wenn überhaupt noch Arbeit da ist, sobald wir morgens durch die Bürotür schlurfen. Wir werden schon zufrieden sein, wenn wir in der Hochgeschwindigkeitsschleuder noch einigermaßen mitbekommen, wo wir – beispielsweise - noch Fernsehen: Auf dem Smartphone, der Uhr oder auf der Frontscheibe des Autos? Wir werden froh und glücklich sein, wenn wir noch irgendetwas finden, was verlässlich ist, auch wenn es nicht so toll ist wie wir uns das wünschen. Alles ist heute auf Abnutzung ausgelegt: Kühlschrank, Hochdruckreiniger und meist auch der Partner. Aber erst, wenn das Wort „verlässlich" nicht mehr in Wikipedia auftaucht, sondern vollends durch einen Verweis auf das Wort „Veränderung" ersetzt worden ist, werden wir verstehen, dass genau dieser Paradigmen-Wechsel, den wir alle täglich und fröhlich fördern, der Grund für die vielen inneren Kündigungen ist. Erst wenn Stabilität und Verlässlichkeit auch in Unternehmen wieder als Wert gewürdigt werden, brauchen wir keine Vereinbarungen mehr mit uns selber. Dann reicht der eigentliche Arbeitsvertrag.

II POLITIK

.10

Fastnachtsumzug in Ruanda
Herbst 2011

Mainz ist eine sympathische Stadt. Nicht gerade der globale Renner, aber irgendwie so, dass alle Straßen irgendwo hinführen, Fastnacht jedes Jahr zur gleichen Zeit ist und die Zeitung immer voll mit neckischen Geschichten: An einem kurzen Verkehrstunnel wird 11 Jahre lang gebaut, im Winter fehlt das Streusalz, Parkplätze fehlen das ganze Jahr, und eine Fahrradtour endet immer dort, wo sie begonnen hat, weil die Beschilderung offenbar von einem Praktikanten stammt, der in der Schule nach der Baumzählmethode gelernt hat. Für sechs Millionen Euro wird eine Verkehrsbeschilderungsanlage über die Autobahn bestellt, die irgendwie nicht aufgestellt werden kann, weil sie zu schmal für die Straße ist – oder so ähnlich. Die politischen Seilschaften laden sich wie anderswo auch gerne untereinander und umsonst zu größeren Lustreisen ein und helfen, wenn ein Seilschafts-Kamerad in Not ist, meist unbürokratisch, mit Mitteln aus dem Stadtsäckel und bevorzugt ohne Ausschreibung. Eine Stadt also wie du und ich. Zu allem Überfluss pflegt die Stadt Mainz Städtepartnerschaften, die dafür sorgen, dass man mal raus kommt und die Frauen froh sind, dass die Männer mal weg sind. Zu den Städtepartnern gehört auch Ruanda. 2012 hängte sich der Mainzer Oberbürgermeister Beutel weit aus dem Fenster, bildlich gesprochen, und sagte den Ruandawanesen bei einem dieser hitzegeschwängerten Trips Hilfe bei der Entwicklung der Verkehrs-Infrastruktur zu. Der offizielle Höhepunkt der Reise. Verkehr hin, Verkehr her, das ganze Projekt tauchte in der Berichterstattung kaum auf, weil es überlagert wurde von einem geradezu unglaublichen Skandal: OB Beutel hatte die Ruandawanesen bei einem abendlichen Barbesuch auf zwei Glas Wein sitzen lassen ...

Mein Frühstück ist sonst ziemlich langweilig: Die Katzen schreien nach Futter, irgendein Liebstöckl hat wieder seinen Geist aufgegeben, aus der Müslischale starren mich jeden Morgen die gleichen Nüsse an. Das hat sich geändert, seit der Mainzer Oberbürgermeister Jens Beutel in Ruanda war. Jeder Morgen beginnt mit aufrüttelnden Nachrichten. Wie ich lese, hat Beutel den Ruandawanesen Unterstützung bei der Verkehrsplanung angeboten. Da kenne Mainz sich aus. Dieses gigantische Projekt, das legendären Ruhm auf den OB häufen wird, hat es nicht verdient, unter den Schlagzeilen über Beutels Zechprellerei unterzugehen. Doch man kann aufatmen: Wie wir durch Indiskretionen aus Kreisen der Mombacher Fastnachtsgruppe Bohnebeitel erfahren, laufen die Vorbereitungen für dieses Projekt bereits auf Hochtouren: Als erstes kriegen die Ruandi nächste Woche die Fastnachtsumzugspläne für 2012 sowie die Vorfahrtsregelungen für Motivwagen. Dann den sich über viele hundert Jahre erstreckenden Zeitplan für den neuen Hechtsheimer Tunnel, dessen Fertigstellung mit dem Beginn der nächsten Eiszeit zusammenfällt. Dann den Leitfaden „Mit Parktarifen Millionen scheffeln" sowie Erläuterungen, wie man ein ganzes Parkhaus in der Innenstadt drei Wochen aus dem Verkehr zieht, weil ein Umlüfter kaputt ist. Beutel hat den Ruandawanesen bereits bei seinem Besuch erläutert, wie Sie Fahrradschilder so anbringen können, dass störende asoziales Gesox sich in den Slums der Vorstädte zielgerichtet verfährt und auf Nimmerwiedersehen verschwindet.

Aber erst im Paket II von Beutel sind dann die richtigen Einpeitscher drin: Ein Symposium zum Thema „Rohre in der Innenstadt verlegen" sowie ein zweites zum Thema „Ampelschaltungen in der Rush Cour" und ein drittes mit dem Thema „Streusalz richtig lagern". Die Ruandi sind bereits flächendeckend begeistert und haben 16 gelbe Abschleppwagen geordert, 345 Politessen und 22 Radarfallen, die aus 1000 Meter Entfernung jeden Schwarzen, der nicht mit Licht und eingedelltem Kotflügel fährt, sofort erfassen. Überladene Lkw mit Hilfsgütern gegen die Armut werden noch vor der Stadtgrenze aus dem Verkehr gezogen; bei der Rotüberfahrung an den bald 680 Ampelanlagen in Kigali will Beutel den Toleranzwert auf 0,00004 Sekunden verringern. Nur dieser kann dafür sorgen, dass flächendeckend gar kein Verkehr mehr stattfindet, sondern alles steht. Das ist nicht einfach irgendein Ziel, das ist eine stadtpolitische Vision. Beutel hat sich überdies ausbedungen, das Konzept noch vor Weihnachten auch in der Organisation für afrikanische Einheit (OAE) zu präsentieren.

Stufe III sieht dann schlussendlich vor, dass Ruanda 2015 die verrottete Schiersteiner Brücke übernimmt, 226 Schlaglöcher aus der Oberstadt, 16 Büttenreden und 250 Fastnachtskostüme. Wie wir aus geheimen Quellen der Wohnbau entnehmen können, ist der Wunsch der Ruandi abschlägig beschieden worden, das Konzept für An- und Abfahrten von einem großen Fußballspiel zu bekommen. Es stellte sich heraus, dass gar kein Konzept vorliegt. Außerdem sollen jetzt die Fastnachtsumzüge jetzt erst einmal Vorrang haben. Ein Vor-Ort-Team, zu dem Beutel am Wochenende dazustoßen wird, plant mehrere Varianten durch die absoluten Armutsgebiete und an den DRK-Krankenstationen vorbei. Da Beutel 2012 mit einer großen Delegation zum Fasnachtsumzug nach Ruanda fahren will, hat er bereits im Tropeninstitut Mainz großflächige Gelbfieberimpfungen für die städtischen Radarfallenbediensteten angeordnet. Leider fanden diese bisher vor dem Tropeninstitut keinen Parkplatz. Das Parkhaus war geschlossen. Aber das kann ja noch werden. Man sollte mal die Ruandi fragen ...

Der Mainzer Oberbürgermeister Jens Beutel trat Ende 2011 zurück. Doch auch ohne ihn setzt Mainz neue Maßstäbe in der Verkehrs-Infrastruktur: Im Mai sowie im August 2013 wurde der Mainzer Bahnhof ab 18 Uhr für Fernverkehrszüge geschlossen, weil die Bahn nicht mehr ausreichend Stellwerks-Personal zur Verfügung hatte. Nicht ohne Grund hat man sich für dieses Pilotprojekt Mainz ausgesucht. Man hatte gehofft, dass es dort niemand merkt.

.11

Schon wieder Knatsch in Davos
Januar 2010

Der Ort Davos gilt einmal im Jahr, meist im Januar bei Eis und Schnee, als Zentrum der Mächtigen. Beim World Economic Forum besprechen Politiker und Unternehmer, was sie im bevorstehenden Jahr anstellen wollen. Oder auch ernsthaft, wie sie die Welt regieren wollen und ob ein Atomkrieg sinnvoll ist. Die Bundesregierung ist traditionsgemäß stark vertreten und glänzt mit Einladungen für Frühstücke, Schlittenfahrten und Pressekonferenzen. Dumm nur, wenn, wie 2010, mit den Ministern Rainer Brüderle (Wirtschaft) und Karl-Theodor zu Guttenberg (Verteidigung) zwei Alphatiere vor Ort sind, die jede Trickserei kennen, wie man Rivalen vor Ort aussticht. Als die Nachricht von der Terminkollision für eine Frühstückseinladung der beiden öffentlich durch die Gazetten lief, gab es nur eins: Der ganze Skandal musste brutalst- und schnellstmöglich, nein, nicht aufgeklärt, was denken Sie, sondern befeuert werden. Dabei kann man kaum all die Dinge gleichzeitig unterbringen, die den Verteidigungsminister zu dieser Zeit in Atem halten: Ausbildungs-Skandal und Todesfälle auf der Gorch Fock, geöffnete Feldpost aus Afghanistan, seine Frau als PR-Instrument oder seine Affinität zur BILD-Zeitung und zu Talkshows.

Heute Morgen ist es in Davos beim World Economic Forum zum Eklat gekommen: Verteidigungsminister zu Guttenberg hatte deutsche Unternehmer groß zum Frühstück eingeladen. Wirtschaftsminister Brüderle war in nichts eingeweiht und reagierte säuerlich: Er lade auch keine Offiziere ein. Doch die Terminkollision ist kein Fauxpas, sondern von langer Hand vorbereitet: Brüderle hatte schon zu Beginn des Winters darauf verwiesen, dass Frühstückseinladungen generell in sein Ressort fallen. Guttenberg entließ ihn darauf umgehend und unter Einschaltung der BILD-Zeitung per Handy, verlegte seine Einladung an die deutschen Unternehmer als Vogelbeobachtung getarnt auf 05.45h vor und ließ an die Unternehmer Nachtsichtgeräte aus dem Serbien-Bestand austeilen. Brüderle konterte mit einem zusätzlichen Eier-Gericht mit Weinschaum auf der Speisekarte, worauf Guttenberg den Unternehmern zusagte, während des Frühstücks Live-Bilder von der Ausbildung auf der Gorch Fock zu zeigen.

Brüderle nahm umgehend die neue deutsche Weinkönigin mit auf die Speisekarte und ließ streuen, dass eine persönliche Steuersenkung um 20 % für jeden Unternehmer angedacht werde, der bei ihm auftauche. Guttenberg lancierte der BILD-Zeitung ein Foto von seiner Frau beim Skifahren. Angela Merkel, die bis dahin in Davos zu gar nichts eingeladen hatte und auch nicht wurde, verwies auf die Koalitionsvereinbarung, nach der so ein Frühstück überhaupt erst 2013 umgesetzt werden sollte, was jedoch wiederum Guido Westerwelle anders in Erinnerung hatte: Nach seiner Lesart sollte das Unternehmer-Frühstück in Davos noch 2011, aber um 20.13h stattfinden. Doch auch nachdem Guttenberg die gesamte Post aller Davos-Teilnehmer hatte öffnen lassen, ließ sich nicht abschließend klären, was im Koalitions-Ausschuss eigentlich besprochen worden war.

In der Zwischenzeit konnte Brüderle einen Enkel von Klaus Kinski anheuern, um die Gorch Fock über den Alpenhauptkamm zu ziehen und vor dem Frühstücksraum von Guttenberg abzustellen. So mussten die Unternehmer erst in die Takelage hochentern, um in den Frühstücksraum zu kommen. Doch Brüderle hatte Guttenbergs Gäste unterschätzt: Vor allem die Similaun-Gruppe um Herbert Henzler schaffte Auf- und Ab-Entern über den Speckstreifen problemlos und traf rechtzeitig ein. Wie es hieß, blieb Brüderle selber schon auf der ersten Rahe hängen, machte es sich dort aber gemütlich und erklärte, der Aufschwung werde trotzdem weitergehen ...

Nach mehreren Runden, in denen die Minister ihre Selbstdarstellungsqualitäten ausreichend zu Schau stellen kon-nten, kommt es nun zum Showdown: Dem Frühstück selber. Hierbei spielt der Verteidigungsminister seine PR-Qualitäten gekonnt aus. Brüderle kann dem nur weinprozentige Königinnen und verschwurbelte Versprechungen entgegensetzen.

Die jüngsten Feldpostberichte vom Weltwirtschaftsforum zeigen endlich schwarz auf weiß, warum das lange und unter viel Mühen vorbereitete Unternehmerfrühstück von Minister Brüderle (wir berichteten) letztendlich doch nicht stattfand. Es war nicht, wie offiziell kolportiert, die Rede beim Empfang der Mainzer Fastnachtsvereine, zu der der Minister kurzfristig abberufen wurde. Vielmehr war es Verteidigungsminister Guttenberg gelungen, mit kurzfristig herangeschafften Schneekanonen aus dem Kosovo-Reservebestand das Eier-Buffet mit Weinschaum von Brüderle auf der Parsenn unter zwei Meter Neuschnee zu begraben. Somit mussten 124 Unternehmer einschließlich Gertrud Höhler und der deutschen Weinkönigin, die auf Wachstumsimpulse gehofft hatten, wieder den Hang abentern und bei Guttenberg vorbeischauen, schon alleine, um ihre in Davos auf unerklärliche Weise geöffnete Post abzuholen.

Guttenberg selber konnte seinen Triumph indes nicht lange genießen: Bei den versprochenen Video-Sequenzen von der Ausbildung auf der Gorch Fock wurde zum Entsetzen aller Teilnehmer und nur durch eine weitere Lupenvergrößerung des BILD-Bildes deutlich, dass es sich beim Wasserskifahren nicht um den entlassenen Kommandanten Schatz, sondern um den frühen Guttenberg handelt, der zu einer allerersten Talkshow mit Johannes B. Kerner auf die Gorch Fock gekommen war. Wie aus dem halb abgeschirmten, nur einigen Zeitungsvertretern zugänglichen Raum zu vernehmen war, erklärte der Minister daraufhin, er werde sich von niemandem, aber auch wirklich niemanden, vor allem nicht der Presse, das Recht nehmen lassen, das nächste mal auch seine Frau zu Weihnachten zum Wasserski-Fahren mitzunehmen. Dabei werde seine Frau zusammen mit RTL für krebskranke einbeinige Kindern sammeln, die nicht Wasserski-Fahren könnten. Jede erfolgreich beendete Wasserski-Runde durch ihn: 2000 Euro.

Außerdem werde er die Gorch Fock künftig zur Vertrauensbildung für Deutschland und sich selber nutzen. Zusammen mit Johannes B. Kerner werde man versuchen, mit Soldaten weltweit ins Gespräch zu kommen. Dieses Recht werde er sich von niemandem, aber auch wirklich niemandem, nehmen lassen. Beginn soll am nächsten Montag eine Gesprächsrunde auf dem Nil sein, um den ägyptischen Soldaten zu zeigen, dass wir zwar nichts von ihnen halten, aber bei ihnen sind. Es folgen Gesprächsrunden mit der französischen Fremdenlegion, australischen Ureinwohnern und dem A320-Piloten Lesley Sullenberger, der die Notlandung auf dem Hudson direkt neben der neuen Gorch Fock fürs ZDF nachstellen soll, verbunden mit einem Live-Kommentar von Guttenberg und Kerner aus dem zum Tower umgebauten Kommandostand des Schiffes.

Dafür werden die nächsten 234 Lehrgänge für Offiziersanwärter ersetzt durch eine ZDF-Crew, die erfahren genug im Aufentern ist und die auch unter schlüpfrigen Bedingungen jedes hoch gelegene weibliche Ziel erreicht. In der Takelage müssen für die Talkshows 16 ausrangierte Beleuchtungs-Sets installiert werden, außerdem Kameras, die eventuelle Wetteinsätze des Verteidigungsministers verfolgen können, etwa wie lange ein malayischer Kadett in einer Wanne mit Essenspampe untergetaucht aushält. Guttenberg verspricht sich davon nachhaltige Signale für die Völkerverständigung auch unter schwierigen Bedingungen und hat erklärt, dass zum Frühstück auf dem Segelschulschiff außer seiner Frau selbstverständlich auch der Wirtschaftsminister, Gertrud Höhler, die Similaun-Fraktion unter der Leitung von Herbert Henzler, der Neffe von Klaus Kinski und alle von ihm entlassenen Personen eingeladen sind ...

PS. Im August 2013 weiß niemand, wo sich der ehemalige Verteidigungsminister eigentlich aufhält und was er verteidigt. Minister Brüderle ist nach einem Weinabend im Juni über seine eigenen Füße gestolpert und hat sich rechtschaffen und mitten im Wahlkampf verletzt. Mehrere Knochenbrüche. Sein Kampf um Genesung bringt die FDP kurz vor dem Wahlkampf auf über fünf Prozent. Das Gerücht, Brüderles Verletzungen seien beim versuchten Sprung über eben diese Fünf-Prozent-Hürde entstanden, haben sich als falsch erwiesen: Brüderle hatte versehentlich die 18-Prozent-Hürde von Guido Westerwelle aufgebaut, die seitdem nicht mehr benutzt werden kann.

.12

Gugelhupf für Tunesien
November 2010

In Ägypten und dem Iran setzt sich 2013 die revolutionäre Stimmung fort, die 2010 in Nordafrika, namentlich Tunesien und Libyen, ihren Anfang nahm und überall die Machthaber aus der Regierung jagte. Während sich der Westen 2010 schwertat, auf die neue Situation angemessen zu reagieren, hatte einer die Lage sofort im Griff: Außenminister Guido Westerwelle. Als hätte er, bis dahin ziemlich glücklos im Amt, auf diese Situation nur gewartet, jettete er im Wochenrhythmus zwischen den Schauplätzen hin und her, traf sich mit Revoluzzern in Tunis zum Kaffeetrinken oder nippte an einem Tee auf einem Basar in Kairo. Überall lobte er die Aufständischen enthusiastisch und hinterließ große Versprechen auf Hilfe. Entwicklungshilfeminister Dirk Niebel, bei den Reisen stets an Westerwelles Seite, überbot seinen Außenminister noch mit Lobeshymnen. Der mediale Spott ließ nicht lange auf sich warten. (Mit der legendären „Feldpost", die in dieser und anderen Kolumnen mehrfach auftaucht, ist ein Vorgang gemeint, der parallel Schlagzeilen machte. Mehrfach wurde die Post von Soldaten aus Afghanistan an ihre Angehörigen in Deutschland geöffnet vorgefunden – von wem, blieb weitgehend im Dunklen. Dass das Verteidigungsministerium selber darin verstrickt war, wurde öffentlich vermutet, ließ sich aber nie belegen).

Durch Feldpost haben wir Einblick in die Liste erhalten, die Außenminister Westerwelle der neuen tunesischen

Regierung bei seinem letzten Blitzbesuch überlassen hat, um die Demokratie dort voran zu bringen. „Wir können sofort liefern", sagte der Außenminister, „Sie müssen nur sagen, was Sie haben wollen". Das ließen sich die Tunesier nicht zweimal sagen. Die Liste umfasst 1287 Punkte und ist ein grandioses Beispiel dafür, wie Völkerverständigung in der modernen Zeit des globalen Güteraustausches aussehen und wie man dabei loswerden kann, was man nicht mehr braucht, sowieso nie gebraucht hat oder was falsch geplant war. Ein weltweiter, nie enden wollender Kreislauf. Das Risiko besteht einzig und allein darin, dass man – wie bei Julklapp – den ganzen Klumpatsch später beim Besuch irgendeines beleibten afrikanischen Despoten hierzulande wieder zurückbekommt.

So werden den Tunesiern unter anderem angeboten: Die Gorch Fock; 5 ICE mit Klimaanlagen (fahrbereit); 200.000 Tonnen nicht gebrauchter Schweinegrippe-Impfstoff; Axel Weber; 8 Kisten Clenbuterol aus dem Telekom-Radteam; alle ausrangierten vierstelligen Postleitzahlen; eine CD mit den Eröffnungsreden von Rainer Brüderle; das System der Volkszählung; die restlichen Dioxineier; 200 formschöne Brennstäbe aus La Hague; die gesamte Flensburger Verkehrssünderdatei; Guido Westerwelles 18-Prozent-Schuhe; Thomas Gottschalk; die Schallplattensammlung von Peter Alexander.

Diese Sachwerte erhalten die Tunesis freilich nur dann, wenn sie gleichzeitig die Fortbildungskurse des Außenministeriums buchen: „Wie ich eine Straßen-Baustelle organisiere"? „Was ist ein gelber Sack?"; „Gugelhupf richtig backen"; „Ticketautomaten am Bahnhof"; „Richtiges Verhalten in einer Kfz-Zulassungsstelle"; „Wann beginnt in einer Behörde die Mittagspause?". Westerwelles Katalog stößt auf breite Zustimmung: Viele Persönlichkeiten des öffentlichen Lebens haben sich bereits in den Dienst dieser einmaligen Aktion gestellt: Wettermann

Jörg Kachelmann wird einen Vortrag halten zum Thema: „Welche Messer benutze ich zwischen Küche und Schlafzimmer?", Fußball-Trainer Felix Magath stellt sich zur Verfügung mit dem Thema „Tunesier – richtig geschliffen ..." Und Dirk Niebel wird präsent sein mit 35-Dia- und wortgestützten Vorträgen zum Thema „Kompetenz – ein seltenes Gut".

In der von Niebel federführend begleiteten und bereits seit Jahren für den Ernstfall vorbereiteten Aktion „Wir sammeln für irgendwas – Hauptsache wir sammeln" werden außerdem alle alten Osram-Glühbirnen und vergiftetes Kinder-Spielzeug aus China entsorgt. Johannes B. Kerner wird das Spielzeug in einer Nacht-, Luft- und Nebelaktion aus dem Entwicklungshilfeministerium entwenden und zusammen mit Verteidigungsminister zu Guttenberg in einem tunesischen Robinson-Klub an die tunesische Bevölkerung übergeben. Völlig zu Recht sagt der Verteidigungsminister, der sich ansonsten mit niemandem anlegen will, dass es hier um die Verteidigung deutschen Staatseigentums geht und er daher für diese Hilfsaktion zuständig sei.

Nach dieser beispiellosen Rettungsaktion ging es für Guido Westerwelle und die FDP in der ersten Jahreshälfte 2011 ziemlich bergab: Schwere Niederlagen bei Landtagswahlen in Sachsen-Anhalt und Rheinland-Pfalz, das Veto gegen den Militäreinsatz der UNO in Libyen – und zu allem Überfluss sein Sturz als FDP-Parteichef am 13. Mai 2011. Ob er sich als Außenminister hält, galt lange Zeit als fraglich. Doch was die Medien damals verschwiegen: Sein Einsatz unter Tee und Kaffee bei den nordafrikanischen Revoluzzern sollte sich auszahlen: Die Kanzlerin hatte, von den Medien unbemerkt, längst eine neue Aufgabe für Westerwelle.

Guido Westerwelle ist seit ein paar Tagen auf Jobsuche. Nicht richtig offiziell, aber der Feldpost aus Berlin entnehmen wir, dass der FDP-Vorsitzende nach den krachenden Niederlagen seiner Partei bereits jede Menge Alternativen auf dem Tisch hat, falls er neben dem FDP-Vorsitz auch noch das Außenministerium und die Essenskarten für die Bundestagskantine niederlegen muss. Eine von Sabine Leutheuser-Schnarrenberger nicht beanstandete, sondern unter das globale Recht der Informations-Freiheit fallende Fotografie seines Schreibtisches zeigt attraktivste Jobangebote: Leiter Einkauf beim ersten libysch-deutschen Erdöl-Konsortium; Projektverantwortlicher für die Vorauswahl beim Wettbewerb „Deutsche Weinkönigin"; Chefaufseher auf dem Al-Tahrir-Platz in Kairo und Organisator der abendlichen Lightshow „Menschen, die wir bisher nicht kannten". Aus Japan liegt eine dringende Anfrage vor, ob er die Pressekonferenzen der für Fukushima verantwortlichen Nuklearfirma Tepco leiten könne, weil den japanischen Managern die bisherige, aber dringend benötigte Überheblichkeit bei öffentlichen Auftritten abhandengekommen sei.

Doch daraus wird alles nichts werden. Bundeskanzlerin Angela Merkel will ihren Verbündeten nicht irgendwohin verlieren, sondern kontrolliert in die Wüste schicken. Wie wir hören, wird sie Westerwelle zunächst das frühere Post-Ministerium andienen, der dieses empört ablehnen wird, bevor sie ihn – nach seinen genialen Freiheits-Inszenierungen in Tunesien, Libyen und Ägypten – zum neuen „Koordinator Volksaufstände Ausland" ernennt. Dies gilt als besonderer Coup, weil Westerwelle noch weniger als nie da wäre und als Störfaktor in der Koalition fast gänzlich ausfiele.

Die Besetzung dieses Postens war lange Jahre vakant, zeugt aber von der gewachsenen internationalen Bedeutung der Bundesregierung. Westerwelle müsste zuallererst zu den Hitopi-Indianern nach Nordost-Kanada reisen, die sich gegen ihre lokale Regierung auflehnen, weil die Bärenabschuss-Quote gesenkt wurde. Danach sind Einsätze auf den Komoren und im Norden Grönlands notwendig, wo der Kampf gegen einen örtlichen Bürgermeister eskaliert. Westerwelle wird jeweils die Revolutionen dort anzetteln, die Ablösung der aktuellen Regierung betreiben und sich auf Rosa Luxemburg und Karl Liebknecht gleichermaßen berufen.

In Bayern soll Westerwelle den Protest gegen ein örtliches Skilift-Projekt am Jännerkogel zum General-Aufstand umfunktionieren, was ja 1933 schon einmal gelang, und, so die Hoffnung der Kanzlerin, darüber Horst Seehofer stürzen sehen. Auf dem Maria-Josephs-Platz in Berchtesgaden wird Westerwelle sodann mit dem Anführer der Lift-Proteste spazieren gehen und einen Kaffee trinken. Auch die gesamte Gruppe der Fidschi-Inseln gilt revolutionstechnisch als vollkommen unbetreut. Außerdem ist es dort landschaftlich sehr schön. Aus dem Wahl-Desaster könnte ein großartiger neuer Job, könnten fantastische Tage für den bisherigen Parteichef werden. Man darf nur nicht alles glauben, was in der Presse steht.

PS. Im August 2013 musste Guido Westerwelle schon wieder nach Kairo, weil sich die Konfliktparteien die Köpfe einschlugen. Offenbar hatte das Kaffee-Trinken auf dem Basar zwei Jahre vorher nicht ausgereicht. Ob Westerwelle überhaupt noch Kaffee und Tee zu sich nimmt, ist nicht überliefert. Auf jeden Fall hat die Kanzlerin ihr Ziel erreicht: Von Guido Westerwelle ist kaum mehr etwas zu sehen und zu hören. Obwohl er das selber sicher anders sieht.

.13

Gelingt Guttenbergs jüngster PR-Coup?
Februar 2011

Karl-Theodor zu Guttenberg soll bei seiner Dissertation abgeschrieben haben. Das ist kein Beinbruch, sondern von langer Hand geplant. Denn die Fälschung bringt den Minister endlich wieder in die Schlagzeilen.

Da haben wir`s: Verteidigungsminister zu Guttenberg hat seine Dissertation gar nicht selbst geschrieben, sondern einfach abgepinnt. Der Vorgang ist natürlich ein Skandal, doch er fördert zu Guttenbergs Beliebtheit in der Zielgruppe der 10-18jährigen Schüler, die dieses Verfahren bei ihren Schularbeiten seit vielen Jahren anwenden. Ein Schülersprecher äußerte Sympathie: Guttenberg habe mit hausaufgaben.de auch eine der wichtigsten Internet-Plattformen für Schüler genutzt. Doch ob der PR-Coup (nach dem Wasserskilauf bei der Gorch Fock der zweite innerhalb eines Monats) überhaupt gelingt, bleibt zweifelhaft. Denn zu Guttenberg ist nicht allein: Viele wollen jetzt aufspringen. So verwies Gerhard Schröder schon darauf, dass seine erste rot-grüne Regierungserklärung eigentlich textidentisch mit der Straßenverkehrsordnung von Moskau ist, ohne dass er dies kenntlich gemacht habe. Vladimir Putin habe das lupenrein demokratisch gegengelesen und ihn für diese Leistung sogar umarmt. Andere sind nicht ganz so offen: Wie aus den Feldpostberichten, die uns fast stündlich, aber geöffnet, erreichen, geht hervor, dass sich in der Antrittsrede von Angela Merkel 2005 Passagen finden, die wortgleich in der Gründungsurkunde des Staates Zimbabwe auftauchen. Das Parteiprogramm der FDP stellt sich vollständig als Plagiat heraus: Es ist einfach eine Übersetzung von Paulus 16,5 im Alten Testament aus dem Hebräischen. Nur das Vorwort hat die FDP von sich selbst abgeschrieben, was aber bisher niemand gemerkt hat. Die Deutsche Bank hat den Text für die Beschreibung ihrer „Fallschirm"-Zertifikate aus dem Lebenslauf von Jürgen Möllemann, der Papst legt seinen Enzykliken regelmäßig, leicht ins Gegenteil verändert, Textpassagen der Alice-Schwarzer-Stiftung zugrunde. Und geht man Rainer Brüderles Eröffnungs-Reden auf Mittelstandstagen durch, erkennt man die Büttenreden der Mainzer Fasnacht („Bohnebeitel") aus den Jahren 1995-1997 wieder, ohne dass dies kenntlich gemacht wurde. Ein neuer Skandal!

Zu Recht wehrt sich zu Guttenberg jetzt mannhaft und unter breitest-möglicher Öffentlichkeitswirkung, denn nur das stellt sicher, dass seine Dissertation in der Auflage das Buch von Jürgen Sarrazin über die deutsche Überfremdung überholen kann. Wie man aus dem Verteidigungsministerium hört, sind bereits Lese-Roadshows organisiert, bei denen Guttenberg exklusiv die abgepinnten Passagen vorliest, für höheres Honorar auch im direkten Parallel-Sprech mit der geklauten Quelle. Beginn ist auf der Gorch Fock, dann geht es über Afghanistan (mit Frau) direkt zurück zu Johannes B. Kerner, der die Dissertation in seiner Koch-Show wohlwollend rezensiert und Passagen vorliest, die nachweislich aus dem Buch „Provenzalische Küche leicht gemacht" stammen. Das bringt zu Guttenberg weitere Sympathiepunkte in der Zielgruppe der 10 - 80jährigen frankophilen Wähler. Es sind einfach geniale Wochen für den Verteidigungsminister ...

.14

Guttenberg kehrt zurück
März 2011

Die PR-Kampagne Guttenbergs steuert auf ihren vermeintlichen Höhepunkt zu: Den Rücktritt. Meisterlich inszeniert, erwischt sie jedoch den politischen Gegnern auf dem falschen Fuß. Kaum zurückgetreten, zündet die PR-Kampagne des vermeintlichen Ex-Ministers ihre zweite Stufe: Die Rücktrittserklärung war ein Plagiat – und damit ungültig.

Sensationelle Wende in der Guttenberg-Affäre: Wie wir durch neue geheime Feldpostberichte aus Berlin erfahren, ist die Affäre um den Verteidigungsminister mit seinem vor ein paar Tagen erklärten Rücktritt keinesfalls zu Ende. Es hat sich inzwischen herausgestellt, dass in der kurzen Ansprache zu Guttenbergs ganze Passagen aus den Rücktritts-Reden von Thomas Gottschalk, Fidel Castro, der Pop-Gruppe Take That sowie Richard Nixon enthalten waren. Dieser geniale PR-Coup, der die Opposition auf dem falschen Fuß erwischt hat, soll, wie wir hören, den Verteidigungsminister wieder in die Offensive bringen: Schon im Laufe dieser Woche wird zu Guttenberg die neuen Plagiatsvorwürfe gegen seine Rücktritts-Rede als abstrus bezeichnen und in der Kochshow von Johannes B. Kerner erklären, dass ihm in der Abschiedsrede zwar Fehler unterlaufen sind, er diese aber während des Abendessens mit seiner Frau in siebenstündiger Kleinarbeit selber geschrieben habe.

Wenn der Proteststurm trotzdem erneut anschwillt, plant zu Guttenberg, ehrlich und stark gegelt den Verzicht auf den Verzicht des Doktortitels bekannt zu geben, nachdem er seine eigene Rücktrittserklärung beim späten Nachtessen mit seiner Frau noch einmal intensiv durchgelesen habe. Und: In der Tat enthalte diese „schwere Fehler". Diese Fehler seien geeignet, der Bundeswehr-Reform, der Wissenschaft allgemein, Annette Schavan, seinem Doktorvater und dem Abendessen der Soldaten in Afghanistan schweren Schaden zuzufügen. Er ziehe daraus, aus seinen hohen Ansprüchen heraus und überhaupt die Konsequenz und gebe die Rücktritts-Rede zurück, damit sich die Staatsanwaltschaft damit beschäftigen könne. Mit der Rückgabe der Rücktritts-Rede gilt diese als nicht gehalten und der Rücktritt damit als nicht verkündet - wie die rund 23.000 Wissenschaftler des Wissenschafts-Standorts Deutschland nach einer kurzen Telefonkonferenz einhellig bestätigten. So gestärkt wird Guttenberg bereits kurzfristig und reumütig in das Amt des Verteidigungsministers zurückkehren, ebenso demütig gegenüber dem Volk den Doktortitel wieder annehmen und das schwerere Plagiat mit dem geringeren erschlagen. Eine geniale Strategie des Verteidigungsministers, die es ihm ermöglicht, dazwischen das Buch „Nächte zwischen Schlossgespenstern - Wie meine Doktorarbeit wirklich entstand" zu schreiben. Denn nur so wird er das Buch von Jürgen Sarrazin über die muslimischen Minderheiten wirklich toppen können - das eigentliche Ziel des Ministers.

Situationsberichte vom heutigen Abend zeigen, wie dieser neue PR-Coup bereits Wirkung entfaltet: Die Fakultät der Universität Bayreuth durchschaut das alles nicht mehr, verweist auf das Ethos seit Anaximander und zieht sich bis 2014 zu weiteren internen Beratungen zurück. Guttenbergs Doktorvater nimmt vorsichtshalber eine Dosis Schlaftabletten, Annette Schavan sucht ein Fernsehteam für eine erneute Stellungnahme, findet aber keins. Die ARD-Intendanten verzweifeln, weil Guttenberg als neuer Talkmaster der Samstagabend-Show „Fälschen dass ..." ausfällt, und zerreißen in einer gemeinsamen Schaltkonferenz den Vorvertrag. Guttenbergs Doktorvater gelingt es, aus der Intensivstation zu fliehen, sich in die Bibliothek der Universität Bayreuth zurückzuziehen und weiterhin nichts zu sagen. Hartz-4-Empfänger sammeln ihre Turnschuhe von den Zaunstäben wieder ein, das englische Königshaus verleiht Guttenberg verspätet den Titel „Her Royal Highness" und gratuliert ihm zur Geburt des ersten Sohnes.

Es sind gigantische Stunden für den Verteidigungsminister: Das Statistische Bundesamt hat ermittelt, dass an keinem Tag seit dem Untergang von Pompeji der Name „zu Guttenberg" so oft an einem einzigen Tag wie heute erwähnt worden ist. Der Bekanntheitsgrad des Familiennamens dürfte inzwischen den des schielenden Opossums Heidi in allen Internetforen um 1240 % übersteigen. Es sind, wir sagten das schon öfters, gigantische Wochen für den Verteidigungsminister ... Sie dürfen sich nur durch die Berichterstattung der Medien nicht stören lassen.

.15

Endlich auch ein Plagiat
März 2013

Die SPD ist sauer. Zwei Jahre nach Theodor zu Guttenberg gelingt es auch anderen Politikern der Koalition, mit hohen Sympathiewerten zu punkten, obwohl sie ihre Doktorarbeiten ebenfalls abgepinnt haben: Familienministerin Annette Schavan, die FDP-Vorzeigefrau Silvana Koch-Mehrin und wer weiß noch wer ... Es wird Zeit, dass SPD und Grüne endlich mit einem eigenen Plagiat punkten können.

Wie wir heute aus Parteikreisen hören, ist die SPD sauer: Mit Annette Schavan hat die CDU schon wieder eine Plagiatsministerin in die Schlagzeilen gebracht und beste Popularitätswerte für die Ex-Ministerin nach ihrem Rücktritt erzielt. Auch die Popularität der CDU-Politiker Karl Theodor zu Guttenberg oder Bundespräsident Wulff stieg nach ihrem Rücktritt drastisch an. Silvana Koch-Mehrin von der FDP, die sich ebenfalls mit einem Plagiat in die Schlagzeilen spielte, wird sowieso stets mit Super-Nanny Katharina Saalfrank verwechselt und braucht sich um fehlende Sympathiewerte nicht zu sorgen. So viel Zustimmung hat Peer Steinbrück noch nicht bei einem einzigen seiner Vorträge erhalten. Die CDU ist eindeutig in der Vorhand, die SPD zum Handeln gezwungen. Der Wahlsieg im September 2013 rückt in weite Ferne. Auch die Grünen haben bemerkt, dass sie noch keinen einzigen ordentlichen Doktor-Skandal, geschweige denn einen fulminanten Rücktritt hingebracht haben. Nachdem Peer Steinbrück die Bitte der Parteizentrale abgelehnt hat, in seine Doktorarbeit nachträglich fehlerhafte Zitate einzubauen, lassen SPD und Grüne den Wissenschaftlichen Dienst des Bundestags alle offiziellen Dokumente ihrer Parlamentarier überprüfen, ob sich nicht wenigstens ein kleiner Plagiatsvorwurf entdecken lässt. Erste Ergebnisse, die hoffnungsvoll stimmen, sind heute nachmittag durchgesickert: Frank-Walter Steinmeier zum Beispiel hat nach sicheren Recherchen bei seinem „Seepferdchen" das Tauchen ausgelassen und sich den Schein eindeutig erschwindelt. Steinmeier reagierte mit einer ersten Stellungnahme: Das Tauchen habe ihn überfordert, er verliere unter Wasser immer sofort den Überblick. Ein doppeltes Plagiat, ein Glücksfall sozusagen, denn den Satz hat er von Guttenberg abgekupfert. Dieser hatte erklärt, er habe sich im ganzen Material verheddert und nicht mehr durchgeschaut. Beim hessischen SPD-Vorsitzenden Thorsten Schäfer-Gümbel ist der Organspende-Ausweis offenbar nicht rechtens: Schäfer-Gümbel würde laut Ausweis sein Herz verpflanzen lassen, wusste aber seit Eintritt in die politische Laufbahn, dass er über gar keins verfügt.

Für die politische Sympathie-Kampagne der Grünen hingegen könnte der „Motorbootführerschein Binnen" von Jürgen Trittin herhalten. Es hat sich herausgestellt, dass er vor 16 Jahren das Manöver „Mann über Bord" nicht sauber gefahren, sondern mit der Bemerkung „Frauen können schwimmen" sofort gen Land abgedreht ist. Die Führerschein-Kommission prüft, ob Trittin massiv getäuscht oder im Cockpit die Übersicht verloren hat. Um das festzustellen, soll das Manöver am Wochenende noch einmal zusammen mit Claudia Roth nachgefahren werden. Eine eigene Überprüfung wird in der nächsten Woche den Sportabzeichen der Abgeordneten gelten. Hier verspricht man sich die größten Chancen, auf ein wirklich durchschlagendes Plagiat zu stoßen. Filmaufnahmen, die dem Wissenschaftlichen Dienst vorliegen, beweisen, dass Siegmar Gabriel beim Hochsprung über 1,20 Meter unter der Latte durchgesprungen ist und der schleswig-holsteinische SPD-Vorsitzende Ralf Stegner nie auf dem Sportplatz war, sondern gleich sein eigenes Plagiat geschickt hat. Es sieht also so aus, als könnte die Opposition im Sympathie-Wettlauf doch noch aufholen ...

.16

Schade, die Quote ist weg
Frühjahr 2010

Die Diskussion um die Frauenquote hatte kaum richtig begonnen, da hatte die Bundeskanzlerin sie bereits wieder kassiert. Doch die Vorwürfe, die die Opposition erhebt, sind unberechtigt. Im Bundeskanzleramt werden bereits viel weitergehende Vorschläge diskutiert, wie man die Gesellschaft mit entsprechenden Quotenregelungen dauerhaft befrieden und als Bundeskanzlerin das Land endlich ohne dieses ständige öffentliche Geschrei über Gerechtigkeit regieren kann.

Angela Merkel hat die Frauenquote kassiert. Das ist bedauerlich. Nicht nur für die Frauen. Sondern für die Quote schlechthin. Sie ist in Verruf gekommen: Wer durch die Quote irgendwo hingekommen ist, wird gleich schief angeschaut. Als könne er nix. Dabei wird andersherum ein Schuh daraus: Ohne jahrelanges quälendes Gezerve, das uns alle nur Kraft und Zeit kostet, kann man mit festgelegten Quoten das öffentliche Leben großflächig internationalisieren und jede nur denkbare Bevölkerungsgruppe, Minderheiten, Mehrheiten und Kleinigkeiten integrieren – alles mit einem Schlag: Statt zu diskutieren, warum in deutschen Fußballvereinen kaum mehr Deutsche kicken, legt man einmal fest: In jedem Team 12 Prozent Brasilianer; im Bundeskabinett mindestens vier Schwule, drei Lesben und zwei Minister, die in wilder Ehe leben. Oder nur wild, auch ohne Ehe. Wie Ronald

Pofalla - vom Typ her zumindest. Im Bundesbahn-Vorstand mindestens ein Sinti und Roma sowie ein Vertreter der kaukasischen Minderheiten. In den Marketing-Abteilungen nicht nur junge hübsche Schnecken, sondern 30 Prozent Männer über 55 mit Schnauzer. Im ICE-Abteil erster Klasse von Hamburg nach München auf Vorschlag von Minister Niebel die Hälfte der Fensterplätze für malayische Auszubildende.

Wäre doch gelacht, wenn wir die Minderheiten nicht integriert kriegen: Verheiratete Paare etwa, katholische Priester aus der Diaspora, Menschen, die noch nie Mario Barth live erlebt haben, oder die, die nicht bei Facebook sind. Mehr Rechte im Supermarkt etwa: Eine eigene Kasse für Vegetarier aus Zimbabwe, mindestens 20 % der Regalfläche mit kostenlosen Produkten für Menschen, die ehrlich ihre Steuern zahlen und deshalb die Armutsgrenze unterschritten haben. Abwaschquoten im Haushalt, nur noch 0,3 Prozent Koch-Shows im Fernsehen, und Markus Lanz überlässt von der Redezeit von 100 Prozent in seiner Talkshow mindestens 15 Prozent seinen Gästen. Die Dinge wären endlich klar, doch leider ist die Quote verbraucht: Heute muss alle Streiterei lange, mit der Partnerin vornehmlich sitzend auf der Couch, mühsam, stundenlang und gerne auch immer wieder von vorne ausdiskutiert werden, ohne dass am Ende klar wäre, wozu das Gespräch gedient hat. Bei der Quote müsste man nur exakt zählen, ließe Uhren mitlaufen oder macht Strichlisten.

Doch wie ich uns Deutsche kenne, werden wir alles wieder problematisieren: Wer ist Malaie? Wer gilt als Auszubildender? Was ist eine Marketing-Abteilung? Fällt da auch der Vertrieb drunter? Zählt bei Markus Lanz die Anmoderation mit oder nicht? Das ist der Knackpunkt: Solange wir keine Durchführungsverordnung für diese Quoten haben, die uns ganz exakt mitteilen, wie das geht, endet das ganze am Ende doch wieder mit großem öffentlichen Geschrei und Diskussion. Deshalb ist es, wenn ich es recht bedenke, vielleicht doch ganz gut, dass die Bundeskanzlerin die Frauenquote kassiert hat. Ein Ausweg bleibt: Sollte es Guido Westerwelle gelingen, eine feste Quote von 10 Prozent der Wählerstimmen automatisch für die FDP zu reservieren, kommt die Quote vielleicht doch wieder zu Ehren.

III - UNSER ALLER ALLTAG

.17

Der Konzerthuster
Frühjahr 2006

Gestatten, dass ich mich kurz vorstelle: Mein Name ist Konzerthuster, ohne Vornamen bitte, einfach Konzerthuster. Das ist einfacher für Sie. Ich hab heute nicht viel Zeit, wirklich nicht. Bei Chopins Balladen haben wir hier Hochbetrieb. Bei Brahms auch. Und Beethoven ist kaum mehr zu schaffen. Da werd`ich im Parkett, Reihen 16, 31 und 34 gleichzeitig gebraucht. Und in der Pause zum vierten Satz ist oben im zweiten Rang der Teufel los. Wir arbeiten hier deshalb auch im Team, das hatte ich noch gar nicht erzählt. Für einen Einzelnen alleine ist das gar nicht mehr zu stemmen. Zwischen dem ersten und zweiten Satz von Tschaikowskys Erster etwa 186 Einsätze, wussten Sie das? Ich will überhaupt nicht klagen: Jedes ordentliche Konzerthaus braucht seinen Konzerthuster. Angestellt, wohlgemerkt. Beamtenstatus mit Streikrecht? Das ist längst vorbei, wo denken Sie hin. Aber Konzert geht nun mal nicht ohne uns: Stellen Sie sich mal vor, das Orchester beendet mit Tamtaratam und Helau den zweiten Satz und nichts passiert. Es wäre einfach still. Ich sage Ihnen, der Dirigent würde sich umdrehen und schauen, ob überhaupt jemand da ist. So muss er sich nicht umdrehen und kann sich ganz auf die Musik konzentrieren. Er multipliziert die Zahl der Huster pro Sekunde hinter sich mit 380 und weiß blind, ob der 1. Rang voll ist. Erfahrung, alles Erfahrung. Gehustet wird ohne Grenzen, von Sydney bis Alma-Ata, von Island bis Feuerland. Ich sage immer: Der Konzerthusten kennt keine Sprachen, er ist eine Sprache. Wenn Sie in der chinesischen Oper gleichzeitig mit Herrn Wan oder Herrn Li husten, bringt das für die Völkerverständigung mehr als wenn Sie zehn Stunden erfolglos mit einer Delegation aus Kanton verhandeln, wo sie letztendlich doch nichts verstehen.

Ich sag` Ihnen eins: Konzerthusten ist wie das Ozonloch - es wird immer schlimmer und niemand kann etwas dagegen tun. Sprayhersteller nicht, Bonbon-Konzerne nicht, Pastillenfirmen nicht. Je mehr Spray, desto mehr Husten, sag ich Ihnen, je mehr Pastillendöschen, desto sicherer der große Ausbruch im 2. Rang, gerade, wenn die Streicher tremolieren. Aber Sie kennen das ja selber: Je mehr Sie gegen Maulwürfe tun, desto mehr Maulwürfe haben sie. Eine Plage. Genauso ist das bei uns. Im Ruhrgebiet war ich kürzlich als Gast-Huster engagiert. Ein Affentheater im Allegretto-Teil. Als kämen die Besucher gerade alle aus dem Bergwerk. Pogorelich spielte. Er hat es jedenfalls versucht in dem Höllen-Lärm. Man sollte doch meinen, dass der Konzerthusten in schlimmen Phasen des Mittelalters zu Hause war, als die Straßen matschig, die Dämpfe giftig und die Stuben kalt waren, nicht aber in gereinigten, hellen und hohen Konzertsälen, in denen Champus und Häppchen ausgegeben werden. Sie sehen, was ich meine: Wir wissen eigentlich noch gar nichts über den Konzerthusten. Warum gibt es ihn? Woher kommt er? Welcher Dramaturgie folgt er? Kann man richtiges Konzerthusten lernen? Hustet der Chefarzt mehr als der Straßenbahnfahrer? Bei welcher Musik wird gehustet? Und überhaupt das Wichtigste: Warum wird gehustet? Was will uns der Hustende mit seinem Huster sagen?

Halt, nicht weglaufen. Niemand setzt sich auf Ihren Platz, bestimmt nicht. Konzerthusten ist eine anspruchsvolle Tätigkeit, da können Sie drauf wetten. Was sich da heute röchelnd und spuckend und tränend im Saal rumquält, ist ja ein Trauerspiel. Wie Dante, nur Trauer eben. Qualitativ ganz schlecht: Nicht abgestimmt mit der Musik, auch kontrapunktisch unelegant gesetzt, das Timbre eine Katastrophe. Es könnten einem die Tränen kommen. Haben Sie sich schon jemals gefragt, warum im Orchester nie gehustet wird? Oder warum der Dirigent nicht mindestens einmal im Jahr im Vorspiel zur Leonore von spastischen Krämpfen befallen wird? Sehen Sie, über so was macht sich außer uns keiner Gedanken. Rein statistisch müsste ein Orchester mit 100 Mann zwölfmal pro Stunde husten. Bei Luigi Nono natürlich das Doppelte, weil der viel mehr Orchester braucht. Ich sage Ihnen, aus dem Konzerthusten kann man richtig was machen. Nicht ihn verteufeln, sondern ihn zum treuen, aber gehorsamen Begleiter machen, das ist mein Motto. Wie einen Hund, der zwar mal bellt, aber sonst gehorcht. Genau das ist es: Der Husten gehorcht Ihnen nicht: Er bellt mal hierhin, mal dorthin, mal gar nicht, dann wieder stundenlang. Sie können vor dem Konzert Lindenstraße gucken, zwei Saunagänge nehmen, Zwiebeln schälen, Frühlingsquark essen, Salbeiöl einpacken, den Mund zupflastern, sich bei Yoga entspannen, an das nächste Bundesligaspiel denken, zur Ablenkung Ihr Dach neu decken oder zwei Kopfkissen als Hustenpolster mit in die Oper mitnehmen. Vergessen Sie`s.

Im Huster erkennen Sie den Menschen, sag` ich immer. Nehmen Sie doch beispielsweise mal den Angsthuster. Der Angsthuster ist ein sozial instabiler Mensch, der nicht zu seinem Huster steht. Vielmehr hat er eine wahrscheinlich aus der frühen Kindheit stammende Neurose, dass ihn jetzt, wenn er loshustet, gleich alle anstarren. Da er Platznummer 17 hat, kann er nicht fliehen, sich nicht unter den Sessel des Vordermannes verkriechen. Der Angsthuster produziert seinen Husten aus dem Nichts heraus: Er ist kerngesund, hat vorher geduscht, sitzt aufrecht, ist vollkommen nüchtern und aus dem Nichts heraus hustet es. Jawohl, es hustet. Der Angsthuster hustet nicht selber, es hustet aus ihm heraus. In jeder Lautstärke, in jeder vorher nicht planbaren Sequenz, als Donnergrollen wie bei einem Lavaausbruch, als unterdrücktes Staccato, das unweigerlich wie der Mondaufgang ins nächste Huster-Fortissimo mündet. Technisch läuft der Angsthusten wie eine atomare Kettenreaktion ab: Da der erste Huster bereits angstvoll unterdrückt wird, reproduziert sich der Rest zu einem noch grandioseren akustischen Bombardement, das ähnlich erfolglos bekämpft wird. Sobald dann helfende Hände von vorne und von hinten unauffällig Taschentücher, Bonbons, Pastillen reichen, wird alles nur noch schlimmer. Der Angsthuster kann sich nur noch spastisch über die vordere Stuhlreihe werfen und sich in sein eigenes Grab wünschen. So muss es sich anfühlen, wenn man vor 20.000 Zuschauern im Biathlon fünfmal danebengeschossen hat.

Da unten, nein, etwas links, mit dem weißen Haar, sehen Sie? Stammgast hier, typischer Trompeten-Huster. Der Trompeten-Huster wartet meistens auf die Pauke. Er ist ein sehr konzentrierter Mensch, vielleicht Lehrer oder Ingenieur oder Vorstand. Er weiß vorher, dass er stört, dass er jetzt gleich stören wird. Dass es zu geeignetem Zeitpunkt unbändig aus ihm herausbricht. Vielleicht hat er zu viel Leberwurst-Brot gegessen oder sich nach dem Joggen nicht rechtzeitig umgezogen. Das erkennt man nie so genau. Aber er weiß, dass jetzt Disziplin gefragt ist wie bei Helmut Schmidt und dass man den Huster jetzt ordentlich über die Bühne bringen muss. Sein Huster kündigt sich nicht an. Die Vorboten leichten Räusperns unterdrückt er. Sie werden vorab als innere Energie dem großen Trompetenhusten zugeführt, um ihn sozusagen aufzuladen. Es handelt sich um einen Vorgang wie bei der Urananreicherung, wenn man so will. Nur dass der Trompeten-Huster sich nicht wie ein Reaktor abschalten kann. Und keine Fluchtpläne für seine Mitmenschen existieren. Der Trompeten-Huster wartet nun einen geeigneten Moment ab, um zu tun, was getan werden muss. Wie immer in seinem Leben. Auch wenn er Mitarbeiter entlässt oder einen Schüler ohrfeigt oder ein Wildschwein erschießt, muss der richtige Moment abgepasst werden. Der Trompeten-Huster lebt für den Moment, für den orgiastischen Augenblick, Wildschwein hin, Wildschwein her. Und deshalb wartet er auf die Pauke. In Sie hinein entlädt er dann alles, was er hustenmäßig loswerden muss, den einen große Schrei, den Weltschmerz, mit aller Stärke, zu der er fähig ist, um dann ermattet ins Polster zurückzusinken. Schlecht ist es immer dann, wenn die Pauke nicht kommt oder gar keine da ist. Zumindest geht der Trompeten-Huster, das wissen wir, befriedigt nach Hause, ohne Schuldgefühle. Er ist mit sich und seiner Welt im Reinen.

Bei Kammermusik sind die Säusel-Huster in der Mehrheit. Das ist schon ein ganz anderes Publikum, das sieht man sofort. Wenn der Dirigent oder das Ensemble den Saal betreten und sich verbeugen, wird den Künstlern noch einmal aufmunternd entgegengehustet und dann ist Stille im Saal, aber bitte. Stellen Sie sich mal Beethovens Streichquartett Nr. 6 e-Moll mit einer Gruppe von Krupp-Hustern vor. Nein, da ist ein ganz anderer Zug drin: Husten gibt es bei Kammermusik eigentlich gar nicht. Das ist Säuselräuspern, möchte ich mal sagen, das verhallt ungehört in der eleganten Rokokodecke des Saals oder im Teppich, oder man hat ein Rotweinglas in den Saal geschmuggelt, weil es Ilja Bergh oder irgendein modernes Zeug gibt, wo man Rotwein mitnehmen darf. Und dann räuspert man eben in den Rotwein oder man nimmt einen Schluck, dann ist das Schlucken lauter als das Räuspern. Bei Kammermusik denkt man viel positiver: An die Musik eben. Da schließt man noch die Augen und geht innerlich mit und kennt sich aus. Ich glaube, wenn man sich auskennt, hustet man weniger. Oder wenn man die Augen zumacht. Also bei der Kammermusik merkt man das sofort. Meistens sind bei der Kammermusik auch so wenige Leute da, dass, wer hustet, wie ein Aussätziger behandelt wird. Oder wie jemand, der seinen Rasen im Frühjahr nicht schneidet, weil er so etwas wie eine ungemähte Schweizer Blumenwiese haben möchte.

Der richtige Konzerthuster dagegen versteckt sich in der Anonymität. Bevor er vom Saal geortet werden kann, ist er schon wieder abgetaucht. Weder steht er auf und verbeugt sich, noch reicht er Visitenkarten herum, noch flüchtet er schnurstracks durch den Bühnenausgang, sodass er mit einem Verfolgerspot wenigstens zu identifizieren wäre. Ein Schläfer wie im Spionagewesen, wenn sie so wollen, der da ist und durch nichts auffällt. Ein Normalbürger wie du und ich. Nicht mal an einer lachsfarbenen Krawatte auf gelbem Hemd kann man ihn wie einen Versicherungsvertreter identifizieren. Ich habe auch Elias Canettis Mensch und Masse gelesen. Canetti weist ja nach, dass die Masse Dinge tut, die der Einzelne alleine nie tun würde. Warum also soll ich, aufgehoben in einer anonymen Menschenmenge, nicht ebenso husten wie der Störenfried da oben links oder mein Hintermann. Die psychologische Hustenschwelle sinkt plötzlich wie der Börsenkurs beim Crash. Anstand und Benehmen bleiben, massenpsychologisch gesehen, auf der Strecke. Es ist ja nicht so, dass plötzlich während eines Konzertes 100 Menschen Grippe bekommen oder einen gereizten Hals. Es ist wie im Fußballstadion: Wenn der Nachbar schreit und die Arme hochreißt, reiße ich eben auch reflexartig die Arme hoch. Oder huste reflexartig mit. Meistens, ohne es zu merken. Von 100 Konzerthustern würden, nach dem Konzert befragt, nur rund 10 erklären, dass Sie während des Konzertes gehustet haben. Glauben Sie mir.

Hören Sie mir überhaupt zu? Sie langweilen sich, sehe ich sofort. Wer sechsmal pro Satz im Programmheft rumblättert, langweilt sich. Blättern Sie zu Hause die Zeitung sechsmal wieder auf? Sehen Sie. Vielleicht gehören Sie selber ja zu den Spaß-Hustern. Der Spaß-Huster hustet einfach mit, auch wenn es eigentlich nichts zu husten gibt. Hier haben wir es mit einem Menschen zu tun, der gerne experimentiert, der extrovertiert ist und sich gerne zu Allem und Jedem äußert. Der es als die schlimmste Strafe in seinem Leben empfindet, wenn er irgendwo nicht dabei sein kann. Er gehört zu den Schaulustigen, wenn irgendwo ein Verkehrsunfall zu bestaunen ist. Er lässt keine Party aus und liebt den Karneval. Er ist einfach gerne mit dabei, wo was passiert. Es handelt sich also vorwiegend um Menschen aus den Gegenden um Overath, Gau-Bickelheim oder Eschwege. Oder um Konzertgäste aus dem Oberfränkischen. Oder um Raucher. Oder um Besucher von Bundesliga-Spielen. Die Spaß-Huster sind, orchestral gesprochen, das Tutti. Sie sind strategisch bestens verteilt auf alle Ränge und gruppieren sich um die Angst- und die Trompeten-Huster. Wie bei Mozarts Klavierkonzert d-Moll. Kennen Sie die Stelle? Ba-baaa-ba-baaa-ba-bammm ... Sie stimmen ein, wenn die ersten Angst-, Trompeten- und Säusel-Huster eingesetzt haben, sie husten mit, weil hier etwas passiert. Weil eine innere Stimme ihnen beim Sostenuto sagt: Sei jetzt dabei, mach mit. Vielleicht nimmt dich sogar das Fernsehen auf oder jemand entdeckt dich für den Container. Oder Markus Lanz ist unter den Konzertbesuchern und sucht Talkshow-Gäste. Der Spaß-Huster lässt sich von der lockeren Stimmung anstecken und vergisst völlig, dass er im Konzert sitzt. Es könnte auch ein Formel-1-Rennen sein, wo er ist, ein Street-Soccer-Turnier oder die Deutsche Meisterschaft im Turmspringen. Aber er gehört jetzt zur Gruppe, er hat sich profiliert. Das hat er gewollt. Er hat, wie mein Lieblings-Psychiater Irenäus Eibl-Eibesfeldt sagen würde, sein Ich ins Selbst gewandelt oder sich ausgelebt im Ich oder Profil gewonnen durchs Selbst. Warum auch immer.

Und sehen Sie: Damit wäre auch die Frage beantwortet, was uns der Konzert-Huster sagen will. Nicht einer will uns etwas sagen, tausende haben etwas zu sagen, indirekt und unbewusst oder weil Sie nicht zu Jörg Pilawa ins Fernsehen eingeladen werden. Im Konzert kommt das dann alles raus, was man zu Hause nicht darf, husten zum Beispiel, weil man beim ersten Huster sofort eine Wärmflasche nehmen muss oder die Erbsen vom Teller kullern oder die Kinder sich anstecken könnten. Im Konzertsaal kommt im Husten heraus, was ansonsten in der inneren Isolation unserer massenkommunikativen Welt vertrocknet. Da äußert sich lärmend die „schweigende Mehrheit", also all die, die keinen Sex mit George Clooney hatten, um in die Bild-Zeitung zu kommen oder all jene, die am Tor des Monats teilnehmen. Ein Freiheitsrausch wie 1848: Im Konzerthusten befreien wir uns von Steuerklärungen und Abfallverordnungen, von Grillverboten auf dem Balkon und der drohenden Rentenkürzung. Wir werfen die ganze Last der Bürokratie auf die Sessel hinter uns, husten die letzte Abmahnung Richtung Stuhlreihe 46 und alle Arbeitsroutine einmal quer durch den Saal. Offen, ehrlich, so wie unser Land eben ist. Ein Aufbruch, um nicht zu sagen, eine Revolution. Jetzt staunen Sie, was?

Halt, gleich dürfen Sie zur Garderobe. Es läuft Ihnen wirklich nichts weg. Wie bitte? Was ICH eigentlich zu tun habe? Ja glauben Sie denn, das liefe alles von alleine? Von alleine wäre alles nur ein einziges Chaos, wie ein Konzert ohne Dirigent. Das muss gemanagt werden, jeden Abend, jede Vorstellung anders. Nichts ist da Routine. Mal sitzen in den Logen zu viele Trompeten-Huster, dann wieder zu viele Säusler in der ersten und zweiten Reihe. Dann müssen die Spaß-Huster ordentlich eingestimmt werden und sich bei wichtigen Aufführungen warmhusten. Wir müssen die Einsätze geben, wir müssen Ausfälle verkraften, vor allem unter den Abonnenten. Wir stimmen die Husten-Kanonik auf die jeweiligen Werke ab und wir müssen Nachwuchs heranziehen. Wir arbeiten da gerade an ganz spannenden Projekten, das sag ich Ihnen hier mal ganz im Vertrauen: Konzert-Huster mit Handy-Klinglern und Popcorn-Fetischisten aus dem Kino zusammenzubringen. Cross-over. Ganz modern. Ein Mammutprojekt, glauben Sie mir. Wir stimmen das Programm auf Beethovens Neunte ab. Sofort sendefähig. Aber das Datum für die Uraufführung verraten wir nicht.

Aber jetzt guten Heimweg und eine gute Nacht …

.18

Beliebt wie Oscar
Juli 2013

Angeblich sind wir jetzt das beliebteste Land in der Welt. Das hat eine weltweite Umfrage der BBC im Frühjahr 2013 ergeben. Dass wir uns in den letzten Jahren so verändert haben sollen, dass wir plötzlich zu Sympathie-Bolzen mutiert sind, kann ich mir indes schwer vorstellen. Eine scharfe Analyse zeigt dann auch, dass andere Dinge ausschlaggebend für unsere Beliebtheit sind, nur eines nicht: Wir selber.

Da ich öfters Vorträge halte, bin ich immer auf der Suche nach lockeren Scherzen, mit denen ich mein Publikum aufwecken und gleichzeitig verhindern kann, dass es sofort wieder einschläft. Hatte ein Redner früher knapp fünf Minuten Zeit, seine Zuhörer zu begeistern, ist diese Zeit heute auf 30 Sekunden heruntergeschnurrt, wie Forscher festgestellt haben. Am besten stellt man sofort eine Frage oder erzählt einen Witz. In dieser Situation kam mir vor ein paar Wochen die Schlagzeile gerade recht, dass Deutschland, wie dort schwarz auf weiß stand, inzwischen das beliebteste Land in der Welt sei. Solche überzogenen Scherze freilich, die so ganz und gar an den Haaren herbeigezogen sind, bergen das Risiko, dass das Publikum sie als allzu weit weg von der Realität empfindet und nur verwundert den Kopf über den Redner schüttelt, anstatt herzhaft loszulachen.

Ich musste mich mehrmals in den Artikel beugen, bis sich herausstellte: Das war gar kein Scherz, das war ernst gemeint: Die BBC hatte herausgefunden, dass Deutschland es in der Tat im Jahr 2013 zum attraktivsten Land weltweit gebracht hat. Nun bin ich von Natur aus ein skeptischer Geist und war sicher, dass da irgendetwas nicht stimmen konnte: Entweder man hatte nur Geheimdienste befragt oder die Sandburgen und Wackeldackel im Fond unserer Autos nicht berücksichtigt. Denn so lange ich mir persönlich auch das Hirn zermartere, mir würde kein Grund einfallen, warum wir Deutschen in den letzten Jahren sympathischer geworden sein sollten. Wenn wir Deutschen je eine Saturn-V-Rakete ins äußere Weltall abschössen und den Außerirdischen etwas mitgeben könnten, damit Sie sich einen Eindruck von unserem Leben hierzulande machen können, wären das eine 22-seitige Schankerlaubnis, eine Schiedsrichterbeleidigung, ein schriftlicher Einspruch gegen Kirchenglockenläuten, ein Blankoformular für weitere Einsprüche, ein belegtes Brötchen mit versiffter Mayonnaise und eine Sandburg. Nein, wir Deutschen haben uns nicht geändert. Unsere weltweite Sympathie muss andere Gründe haben.

Klar, wir gewinnen nicht mehr jede Welt- und Europameisterschaft und schießen vor allem keine unverdienten Abstaubertore mehr in der 90. Minute, obwohl wir vorher 89 Minuten lang Rumpelfußball geboten haben. Immerhin machen wir jetzt inzwischen auch mit bei weltweit beliebten Dingen wie Doping, Geldwäsche und Bestechung. Man weiß einfach zu schätzen, dass wir da in den letzten Jahren wesentlich lockerer geworden sind und die Dinge nicht mehr so eng und verbissen sehen wie früher. Aber der Grund für die globale Sympathiebezeugung muss tiefer liegen. Es könnte, bei genauerer Betrachtung, auch damit zusammenhängen, dass wir weniger werden. Ja, wir sterben ja aus: Die Bevölkerungszahl geht immer weiter runter und irgendwann sind wir bei Null. Und genau das macht uns sympathisch: Dass wir irgendwann weg sind. Außerdem müssen Sie das mathematisch sehen: Die weltweit vorhandene Menge an Sympathie für unser Land verteilt sich jetzt auf weniger Personen – damit wird jeder Einzelne automatisch sympathischer. Dafür muss er gar nix tun, das geht schon rein rechnerisch.

Es könnte für die Sympathie freilich auch eine Rolle spielen, dass wir Deutschen nicht nur weniger, sondern auch döfer werden. Das muss ich erklären, sonst verstehen Sie das nicht. In jeder weltweiten Bildungsstatistik tauchen wir Deutschen meist irgendwo im hinteren unbedeutenden Drittel der jeweiligen Umfrage auf, egal ob Deutsch oder Mathematik oder Allgemeinbildung abgefragt wird, etwa wo der Popocatepetl liegt. Sehen Sie, das wissen Sie schon nicht. Wer aber immer döfer wird, kann auch nicht mehr so besserwisserisch auftreten wie wir Deutschen viele Jahre lang. Doof, aber sympathisch. Ist auch ein Trend. In der Schweiz kursiert schon ein Witz über uns: „Kommt ein Deutscher an die Bar und erzählt seinen Freunden freudestrahlend: Hab` gerade ein Puzzle fertiggemacht in nur zwei Stunden, obwohl auf der Packung steht „4-6 Jahre". Früher hätten wir Deutsche gegen den Witz beim ersten greifbaren Gericht geklagt, heute verstehen viele ihn nicht mal mehr.

Nein, nein, der wirkliche Grund für diese globale Sympathie liegt ganz woanders: Kennen Sie diese Befragung, die in Mannheim gemacht wurde: „Glauben Sie, dass die Innenstädte bei uns überfremdet sind?" 1,5 Prozent antworteten mit „Ja", 2 Prozent mit „Weiß nicht" und 96,5 sagten (wechselnd in türkisch-kroatisch-russischem Tonfall): „Könne Fragge widerhollen, Chefe?" So sieht das aus. Einwanderer, Zuwanderer, Ausländer überhaupt haben unser Land völlig umgekrempelt. Das haben wir gar nicht richtig gemerkt. Nun ist das mit der Integration wahrlich nicht überall ein positiver Selbstläufer, aber das

Land ist anders geworden, seit in den deutschen Alpen ein Burmese Wanderführer ist und wir freudestrahlend in mehr spanische Tapas-Kneipen latschen können als deutsche Gasthöfe mit dem Namen „Zum Adler". Der deutsch-steife Kaffee-Kellner im Frack hat sich nicht verändert, nein, er ist einfach ausgestorben, weil ihn die italienische Cappuccino-Mafia mit anderen Kellnern vollständig verdrängt hat. Weggemobbt, rausgemobbt. Deutschland, ich sage das nur ungern, aber Deutschland ist wohl nur deswegen so sympathisch, weil es gar nicht mehr deutsch ist. Über diesen fulminanten Satz müssen Sie jetzt erst mal nachdenken, das verstehe ich. Und dann werden Sie murmeln: „Na ja, könnte was dran sein". Das murmeln wir Deutschen immer, wenn wir zeigen wollen, dass wir gar nicht so deutsch sind.

Wir wissen ja aus unseren Unternehmen, wie schwierig Veränderung ist, weil wir mindestens einmal im Jahr ein Change-Projekt krachend gegen die Wand fahren. Warum sollte da also ausgerechnet das Projekt „Der Deutsche verändert sich" funktionieren? Der Deutsche wird noch in 10 Jahren an der Supermarktkasse den Betrag von 16,85 auf den Cent genau aus dem Portemonnaie abzählen. Er wird dort seine Postleitzahl hinterlassen und das Wort „amtlich" wird ihn als Motto des Lebens weiterhin durch selbiges führen. Nein, der Deutsche wird sich nicht verändern, der Deutsche hat ein unveränderliches Sandburgen-Schutz-Gen in sich, den 23. Strang an der DNS, der sonst nirgendwo auf der Welt vorkommt. Jeder von uns liebt und lobt sich zwar selber als offener Weltbürger, möchte aber nie als typisch deutsch wahrgenommen werden. Wir machen uns ja inzwischen selber über unser Deutsch-Sein lustig. Wir wollen irgendwie anders sein als unser Ruf und wissen doch nicht wie. Nein, uns selbst einfach mal sympathisch zu finden, das ist keine deutsche Eigenschaft. Für unsere Sympathie als Volk müssen offenbar andere sorgen.

.19

Telemark im Abklingbecken
2010

Der Name Fukushima steht für die größte atomare Katastrophe, die wir je erlebt haben: 2010 schmolzen die Brennstäbe in drei Kernreaktoren, weil die durch einen Tsunami verursachten Flutwellen die Reaktorgebäude erreichten und die Kühlung ausfiel. Große Teile der Zivilbevölkerung wurden evakuiert und umgesiedelt. ARD und ZDF berichteten rund um die Uhr, ausgenommen die Kochshows am Nachmittag, da war die Kerbelsuppe dann doch interessanter. Doch schon bald lief sich die Berichterstattung aus Fukushima irgendwie tot. Katastrophenmüdigkeit stellte sich ein. An dem Samstag, der auf die Katastrophe folgte, hatte ein im Fernsehen übertragener Boxkampf höhere Einschaltquoten als ein ARD-Brennpunkt aus dem Katastrophengebiet. Ist ja aber auch kein Wunder, wenn vor Ort nichts Richtiges mehr passiert. Da müssen sich die Fernsehanstalten einfach mal etwas mehr anstrengen.

Ich muss, was ich selten tue, die Fernsehanstalten verteidigen: ARD und ZDF können ja wirklich nichts dafür, dass in Fukushima nix mehr los ist. Unmittelbar nach dem Tsunami, da gaben die Bilder noch was her: Rauch über dem Reaktor, oder immer wieder diese Aufnahmen, wie die Flutwellen über die Dämme rollen – das kann man sich dutzende Male reinziehen und immer wieder von Neuem ganz entsetzt gucken. Nachts sind wir aufgewacht und haben schnell mal gezappt, ob der Reaktor noch steht. Jede neue Miniwolke, jeder Abtransport verseuchter Feuerwehrleute wurde uns zum Abendessen telegen serviert. Beste Sendezeit, beste Bilder.

Aber ich gebe zu, es lässt nach. Vielmehr: Es wiederholt sich. Oder es ist gar nichts mehr los. Es ist eintönig geworden im Katastrophengebiet. Stundenlang sprühen die Feuerwehren ihr Wasser in den Reaktor. Ich meine, wer will das denn noch sehen, wenn Boxen und Bundesliga kommt. Wo ich sage, Bundesliga: Da geht es doch, jedes Tor von Schweinsteiger in acht Super-Zeitlupen von hinten, vorne, seitlich oder oben rechts vom Kasten. Daran könnte man sich ein Beispiel nehmen: Hinterreaktor-Kamera, eine Kamera auf die Auswechselbank mit den Japsen, 3-D-Animation mit nachgestellten Szenen, die zeigen, dass die Lösch-Crews im 3-4-3-System taktisch einfach schlecht aufgestellt sind. Erst dadurch entstehen, jetzt mal taktisch gesehen, die Lücken für den Gegner, Pardon, natürlich die Radioaktivität. Keine Manndeckung, keine Doppel-Sechs, nachgezeichnet von Oliver Kahn auf dem Flatscreen. Man muss sich einfach etwas mehr Mühe geben: Schach und Blumengießen werden schließlich auch nicht im Fernsehen übertragen.

Und wir verfügen doch über Reporter, die - etwa beim Skispringen - stundenlange Langeweile einfach wegmoderieren: Mit Jens Weißflog und Georg Thoma, die den Wasserstrahl der japanischen Feuerwehr erklären: Flugkurve zu niedrig, keine Spannung im Abflug des Wassers, Landung ohne Telemark im Abklingbecken, deutlicher Punktabzug. Interview mit jedem, der lebend rauskommt. Auch dieses permanente unsichtbare Verstrahlen, das kann man ja nicht sichtbar machen. Vielleicht Zeitraffer? Damit`s schneller geht? Da ist schon Klitschko besser, der sich das Knie verdreht hat. Das verdrehte Knie kann man wenigstens sehen. Auch in 3-D. Wäre das Knie verstrahlt, würde das selbst der geschulte

ZDF-Reporter nicht erkennen.

Oder Alfons Schubeck einsetzen, das ginge auch: Der würde dreimal am verseuchten Kerbelkraut reiben, riechen und erklären, dass nur der Fachmann den Unterschied erkennen kann. Da wären wir dann alle schwer beeindruckt über so viel Kompetenz. Oder Thomas Gottschalk. Was ließen sich in sicherer Entfernung für Wetten abfackeln: Dass ein überlebender Japaner alle Atomkraftwerke der Welt erkennt alleine am Klang der Brennstäbe. Oder dass es gelingt, mit einem Gabelstapler ins Kraftwerk einzufahren und mit der Spitze den roten Knopf für die Kühlaggregate zu treffen und diese wieder in Gang zu setzen. Zeit: 5 Minuten. Es ließe sich schon was machen. Ich sagte es schon: Man muss sich einfach ein bisschen anstrengen. Wir könnten dann in jeder Sendung den Japanern auch unsere brutalst mögliche Verbundenheit zeigen. Und Spendenkonten einblenden und die Werbeplätze optimal vermarkten: Treppenlifte, Brandsalben, Gemüse-Dosen, Unkraut-Häcksler, Zahn-Zusatz-Versicherungen – würde alles gehen. Aber ich muss Schluss machen, der Boxkampf fängt gleich an ...

.20

Sprengung auf Gleis 5
November 2009

Es war im Oktober. Osama bin Laden, Chef des Terror-Netzwerks Al Kaida, lebte noch und hatte sich in den afghanischen Bergen verschanzt. Es gab akute Hinweise, dass auch Deutschland Anschlagsziel sein könnte. Da vermeldete irgendjemand ganz offiziell, dass man in Kürze, und zwar am 22. November, mit der Einreise eines Terrorkommandos rechne. Diese Nachricht überraschte mich, weil ich immer dachte, die Schlapphüte vom Geheimdienst würden das schon zu verhindern wissen. Andererseits: Je mehr wir im Vorfeld wissen, desto besser können wir auch planen.

Ich wollte am 22. November ursprünglich einen Geschäftstermin in Hamburg wahrnehmen und dazu den ICE ab Frankfurt Hauptbahnhof 09.58h besteigen. Man kommt im Zug mittags in den Genuss von Königsberger Klopsen und gestärkt in Hamburg an. Ich habe die Klopse, pardon, die Reise abgesagt. Seit bekannt ist, dass ein Terrorkommando von Al Kaida an diesem Tage einreisen soll, mag ich nicht mehr. Ich verbringe den Tag lieber mit Kelleraufräumen. Egal ob Flughafen, Bahnhof oder McDonalds: Nachher hält noch irgendwer MICH als Mitglied dieser Truppe und schreit Zeter und Mordio rum. Nein, solche Szenen sind mir einfach peinlich. Denn machen wir uns nichts vor: An so einem Tag hat unser Gehirn freien Ausgang, das haben wir gar nicht mehr unter Kontrolle, was es denkt: Was macht eigentlich diese unscheinbare Gruppe dunkelhäutiger Bartträger dort hinten am Bahnsteig, die so sagenhaft belanglos herumsteht? Warum flüstern die so? Warum wölbt sich die Dolce & Gabbana-Tüte so unnatürlich? So viel kauft doch kein normaler Mensch ein. Und was für Quadratlatschen trägt dieser Brillenjüngling denn da? Die passen dem doch überhaupt nicht. Also doch Sprengstoff in den Schuhsohlen? Wie sieht ein Terrorist überhaupt aus? Ungewaschen und dreckige Fingernägel? Oder doch eher harmlos wie Markus Lanz? Oder wie ich? Wer weiß.

Und sprengen sich die Selbstmordattentäter nach ihrer Ankunft eher an Gleisabschnitt B oder D in die Luft? Wo soll man stehen, welchen Sitzplatz soll man reservieren? Und lässt man die Herren erst aussteigen, bevor man selber einsteigt? Fragen über Fragen. Ich sage ja, das Gehirn macht an einem solchen Tag, was es will. Erstaunlich, dass wir das selbst mit Jiu-Jitsu nicht in den Griff kriegen. Deshalb räume ich lieber den Keller auf.

Immerhin dürfen wir solche konkreten Ankündigungen nicht gering schätzen. Seien wir doch ehrlich: Jahrelang hatten wir keine Ahnung, wie die internationalen Bombenplanungen so aussehen. Wir lebten hinter dem Mond, beziehungsweise immer hinterher. Wenn uns jetzt die Terror-Gruppen schon ihre Einreisedaten übermitteln, sollten wir das nutzen, um mit den Bomben-Teams etwa die Anschlagziele mal etwas besser absprechen: Ein paar Bomben in den evakuierten Stuttgarter Hauptbahnhof, dann hat die Bahn drei Jahre Abrissarbeiten gespart. Oder all die Dinge, die wir nicht mehr brauchen: Die maroden Rheinbrücken bei Düsseldorf, die Fruchthalle in Kaiserslautern, die neue schreckliche Eisdiele in Nieder-Olm, die stinkende Mülldeponie bei Essenheim. Ich könnte da durchaus auch einige regionale Ziele beisteuern. Klar, das muss man mit den Nah-Östlern hart verhandeln, die kommen ja nicht einfach mal nur so zum Spaß hier vorbei. Aber mit ein bisschen Gastfreundschaft kann man da eine Menge erreichen: Jahresplanung im voraus, saubere Termin-Abstimmung mit den örtlichen Weinfesten und Vogelschießen, bei Autobomben Rücksicht auf die deutsche Exportwirtschaft.

Überhaupt erst mal ein ordentlicher Antrag. Mit Adresse und Telefonnummer. In Afghanistan nur die Höhle als Wohnort anzugeben, reicht nicht. In dem Antrag können dann auch gleich die Einzelheiten geregelt werden: In Naturschutzgebieten nur leichte Sprengfallen, zusätzlich Einhalten der deutschen Lärmschutzvorschriften – in der Nähe von Flughafengemeinden striktes Nachtbombverbot zwischen 23 Uhr und 6 Uhr morgens. Außerdem saubere Entsorgung der Überreste von Detonationen in den Gelben Sack. Den Gelben Sack muss man denen natürlich vorher mal zeigen, den kennen die ja nicht.

Für den, der gucken kommen will, ... ja was, finden Sie das jetzt makaber? Haben Sie schon mal einen Terroristen live gesehen? Was glauben Sie, wer da alles hinrennen würde. Zu Mario Barth, Monster-Truck-Rennen auf dem Parkplatz von REWE und Boxkämpfen gehen ja auch alle. Und wenn dann der Bundespräsident noch erklärt, dass bei uns auch qualifizierte Fachkräfte aus dem Explosivsektor willkommen sind, sind wir mit der Integration schon eine gehörige Portion weiter.

.21

In der Kirche sitz´ ich immer hinten
Juni 2012

Rhetorik-Kurse liegen voll im Trend. Wer richtig geradeaus sprechen kann, hat Vorteile – privat und im Beruf. Doch weite Bereiche des öffentlichen Lebens hinken hinterher: Zum Beispiel die Kirche. Wenn man aber – etwa beim Beten – sich etwas mehr Mühe geben und die rhetorischen Grundregeln beachten würde, wären die Gotteshäuser vielleicht endlich wieder etwas voller. Die folgende Kolumne müssen Sie sich als kabarettistischen Vortrag im norddeutschen Slang vorstellen. Norddeutsch heißt, man darf sprachlich und auch sonst immer etwas dösbüddelig daherkommen, das wirkt authentisch, das nehmen einem die Leute voll ab:

In der Kirche sitz´ ich immer hinten. Ich weiß nicht, wo Sie sitzen, aber ich sitz hinten. Da ist man sicher. Man kann da Sudoku machen oder ´n Bild in Facebook posten, wenn da vorne gerade Essen ausgeteilt wird zum Beispiel. Vor allem aber hab´ ich Angst, dass mich der Chef irgendwann mal auf die Bühne holt. Sie kennen das ganz bestimmt von diesen Fernseh-Shows, wo das Publikum mitmachen muss. Da kommt der Moderator auf sie zu: „Ja Sie hier, kommen Sie gleich mal mit, wie heißen Sie? Ernst, das ist ja interessant. Ernst, jetzt blasen Sie diese zwei Luftballons mal auf, ja und jetzt setzen sich hier mal fünf Minuten in die Wassertonne und halten die Luft an. Wir gucken mal, wie lange Sie das können". Nee, das ist nix für mich. Damit wir uns nicht falsch verstehen: Soweit ist das noch nicht in der Kirche – in den Weihwasserbecken ist ja auch gar nicht genug Wasser für Untertauchen - aber das kommt, sag` ich Ihnen, das kommt. Die Kirchenmänner müssen sich ja irgendwas einfallen lassen, wenn das mit den Mitgliedern so weiter geht und keiner mehr kommt. Nee, da sitz` ich lieber hinten.

Von hinten hat man auch `nen ganz anderen Überblick: Man sieht genau, wann Aufstehen und Hinsetzen angesagt ist und kann dann mit aufstehen und sich hinsetzen. In der ersten Reihe müssen Sie das auswendig wissen. Außerdem kann hinten keiner sehen, ob man bei den Liedern mitsingt oder guckt einen komisch an, wenn man nicht zum Essen und Trinken da nach vorne geht.

Außerdem find` ich diese gesamte Kommunikation mit Gott richtig spannend. Ich war jetzt ein paarmal in die Rhetorik, hatte ich das schon erzählt? Ja, da war ich, um mal zu hören, wieviel die Frau eigentlich zu Hause sagen darf. Und wie man selber bestimmte Sachen so sagt, dass die Frau sofort kapiert, wie der Hase läuft. Welche Schimpfworte gerade erlaubt sind und solche Sachen. Und dass man auch böse gucken muss, wenn man was Böses meint. Sonst passt das nicht. Klar, man darf nicht alles zur Frau sagen, was einem gerade so einfällt, und einmal im Jahr, sagt der Chef von der Rhetorik, einmal im Jahr muss man auch was Schönes sagen, zum Beispiel die Frau zum Wein einladen und dann kann man etwa sagen: „Du siehst aber hübsch aus, wenn du trinkst". Und deshalb hab` ich jetzt auch immer dieses Buch hier dabei, da steht genau drin, wie das mit der Kommunikation richtig geht. Und da muss ich Ihnen aber sagen: In der Kirche, das ist ja eine Katastrophe.

Das geht ja schon beim Beten los mit den Händen, hier, starr vor dem Bauch. In meinem Buch steht, du sollst was machen mit den Händen, bisschen rumfuchteln, bisschen links rechts, so wie beim Boxen etwa. Einfach, damit das 'n bisschen nach was aussieht. Aber da tut sich nix. Gar nix. Nur am Altar der Priester, der macht's richtig: Hände hoch rechts links, wenn er da abliest, Handflächen nach außen, das sieht schon viel besser aus. Ja und dann beim Beten dieses Gucken auf den Boden, als sei der Autoschlüssel da runtergefallen. Also das nervt. Und das ist ja irgendwie auch nicht höflich. Hier im Buch steht: Immer den anderen angucken. Und wenn ich mit Gott spreche, muss ich ihn ja wohl auch mal angucken, oder? Und Gott sitzt oben im Himmel und nicht unter der Kirchenbank, das lernen wir ja schon in der Schule. Aber Angucken ist schwierig, das seh' ich ein: Das geht vielleicht abends im Bett, da muss ich mich nicht so verrenken, da kann ich durch die Decke gucken. Klar, die alten Griechen, die haben schon gesagt: Die Idee von Gott ist in jedem Stück, in allem also. Zum Beispiel hier in der roten Tasse, da kann Gott mit drin sein. Weiß man nicht genau, ob Gott sich die Tasse gerade ausgesucht hat, aber theoretisch ist das möglich. Haben die Griechen gesagt.

In meinem Buch steht auch, dass man immer freundlich gucken soll, wenn man spricht. Das ist einfach sympathischer. Also wenn ich Gott wär und immer diese Leichenbittermienen beim Beten sehe, da hätt ich keinen Spass mehr. Die ganzen Reihen vor mir, die gucken so grimmig und ernst, als sei ihre Perlenkette oder Rolex gerade durch den Abfluss weg. Und dann dieses Nuscheln: Vtrnsrdrdbmml, das soll dann Vater unser sein. Beim Ava Maria noch schlimmer. Und Rosenkranz auch. Ein Gesumme wie im Bienenschwarm. Ich frage mich, wie soll Gott das verstehen, so viele Kilometer weg. Ich sag' Ihnen: Kein Wunder, dass die Kirche Probleme hat. Aber ich, wenn ich da so richtig deutlich und laut rumbete, da gucken mich alle an, ob ich aus der Klapsmühle komme. Da nützt es mir auch nix, wenn ich hinten sitze.

Mich würd das ja schon mal interessieren, ob Gott wie wir auch immer Füllwörter verwendet wie „äh" und „ja" und „eigentlich". Wir machen das ja nur, weil wir nicht richtig wissen, was wir als nächstes sagen sollen. Das wäre interessant, ob Gott das anders geht und er immer sofort einen Spruch auf Lager hat ohne diese „ähs" und „eigentlich". Er würd ja nie sagen: „Im Prinzip sind dir deine Sünden vergeben". Da würd` man ja nach Hause gehen und sich fragen: Ja, was ist jetzt, kann ich jetzt weiterleben oder nicht? Und was für ne Stimme hat Gott eigentlich? Das ist für die Rhetorik auch wichtig, wie die Stimme ist. So richtig tief und dunkel wie John Wayne? Was meinen Sie? Vielleicht ist Gott ja auch so ein schmaler Hippel mit ganz nervöser Fistelstimme und knetet immer seine Finger. Wer weiß das schon.

Ich glaub, Gott hat gar keine Stimme. Die Kirche sagt ja ganz klar: Gott spricht zu uns über die Bibel. Und da stehen alle Antworten drin auf alles. Da ist nix unklar. Da braucht Gott sich gar nicht den Mund fusselig reden. So ein Satz etwa wie „Gehe hin und tue Gutes", zum Beispiel, das steht in der Bibel. Das ist knallhart. So ist Gott eben: Knallhart. Also Gott würde nie sagen „Joooh, weiß ich jetzt auch nicht so richtig, müssen wir mal gucken ..." Gucken Sie sich auch mal Jesus an: „Ich bin Stellvertreter Gottes auf Erden und bringe euch die Frohe Botschaft". Booh, was ein Hammer. So`n Satz hat Jesus wahrscheinlich auch erst mal trainiert, so was fällt einem nicht von alleine ein. Aber da ist kein Wort zu viel - meine Güte, wenn ich immer sehe, wie wir da rumeiern, wenn wir uns selbst vorstellen müssen: „Jaaa, ich bin Coach, also ich begleite Sie, oder berate Sie und gucke, dass Sie selber sich beraten ...". Da können wir uns von Jesus noch `was abgucken.

Nun hatte Jesus ja auch dieses Alleinstellungs-Merkmal: „Stellvertreter Gottes", klare Sache. Bei uns gibt's das nicht mehr, dass da wirklich nur einer ist, der was macht. Gucken Sie mal um die Ecke: In der nächsten Straße schon allein fünf Bäcker und immer dieselben Schrippen. Himbeerkuchen, überall derselbe Mantsch. Oder Baumärkte, genau dasselbe, überall dieselben Schrauben. Ich wollte ja nur erzählen, dass man sich bei Gott auch noch eine gehörige Portion abschneiden kann, wie ich in Bildern spreche, sodass der andere das auch behält, was ich sage. Steht auch hier in meinem Buch: Zahlen, Geschichten, Zitate – das begreift unser Kopf viel schneller, da können wir gar nix machen. Zum Beispiel die 10 Gebote. Das behält man sofort. Wissen Sie etwa, wie viele Bußgeld-Paragrafen es gibt? Sehen sie, das ist der Unterschied. Oder so eine Story mit dem Über`s-Wasser-Gehen: Das Bild sehe ich richtig vor mir, wobei ich mich immer frage: Würde das auch bei Seegang klappen, etwa Windstärke 6? Käme er da noch ordentlich voran? Was macht er bei Nebel? Schon im Wattenmeer sind da viele in den Priel gefallen, weil sie ihn nicht richtig gesehen haben. Man kommt bei so tollen Stories eben auch gleich ins Weiterdenken. Das ist der Vorteil. Und durch das Denken ist man ja ganz dicht bei Gott und seinen Problemen.

Während ich so denke, sind ja die meisten schon nach Hause zur Kohlroulade. Ich sitze da hinten auch noch ganz alleine, wenn alle schon weg sind. Und mach mir so meine Gedanken. Und wenn es dann ganz leise ist, wirklich ganz leise, dann hör ich eine wunderbare Stimme, die mir ins Ohr flüstert: „Gut gemacht, mein Sohn". Und ich weiß, dass Gott mir sympathisch ist, weil er ein ganz klein wenig norddeutsch spricht.

.22

„Mehr gegen den Ball arbeiten"
August 2012

Sprachforscher haben jetzt herausgefunden, dass der Fußballspieler Sebastian Schweinsteiger in seinem letzten Interview weniger als nichts gesagt hat. Das gilt als Sensation. Bisher hat das niemand geschafft. Offenbar hat sich Schweinsteiger weder von der letzten Saison noch von der Europameisterschaft richtig erholt. Gerade jetzt, zu Beginn der neuen Saison, ist es an der Zeit, den Sprachschatz der Kicker kreativer zu gestalten, wenn ihnen nach dem Spiel ein Mikrofon unter die Nase gehalten wird.

Zu den Kommentaren nach den Fußballspielen gehörten bisher folgende 12 Versatzstücke, aus denen sich locker ein Fünf-Minuten-Interview mit Reinhold Beckmann stricken ließ:

1. *Wir müssen uns jetzt aufs nächste Spiel konzentrieren.*
2. *Wichtig ist, dass die Mannschaft gewonnen hat.*
3. *Wir haben alle unser Bestes gegeben.*
4. *Wir haben mutig nach vorne gespielt.*
5. *Am Einsatz hat es nicht gelegen.*
6. *Wir müssen jetzt eben noch härter arbeiten.*
7. *Das unglückliche Gegentor hat uns das Genick gebrochen.*
8. *Wir haben zu viele leichte individuelle Fehler gemacht.*
9. *In ein paar Wochen schaut niemand mehr aufs Ergebnis.*
10. *Wir haben nicht gut gegen den Ball gearbeitet.*

11. Wir gehen raus und wollen einfach Spaß haben.
12. Die Saison ist noch lang.

Da den Kickern selber nix Neues einfällt, suchen wir hier die besten neuen Interview-Sprüche, -Floskeln und -Entschuldigungen. Wir werden diese dann in eine Vereinsfahne wickeln und den 18 Bundesliga-Klubs kostenfrei zur Verfügung stellen.

.23

Das Chamäleon hätte nicht überlebt
Juli 2011

Mir geht das Thema „Authentizität" inzwischen auf den Keks. Richtig, ich sollte mich gewählter ausdrücken, aber es ist höchste Zeit für eine Korrektur. An jeder Straßenecke, in jedem Buch, in jedem Training schallt es einem von allen Seiten um die Ohren: „Ich will ja nur authentisch sein". „So bin ich eben". „Ich will keine Rolle spielen, ich will einfach nur ich Selbst sein". „Ich will mich nicht verändern, ich will nicht an mir arbeiten, denn ich bin mir selbst genug."

Mir kommen die Tränen. Authentisch, das klingt wie ehrlich, offen, büßerhaft, transparent. Wie soll man jemanden noch kritisieren, der sich vor einem mit der Behauptung, er sei ja nur authentisch, bis aufs Hemd entblößt. Eine heldenhafte?, nein, eine arme Kreatur. Denn es ist Zeit, einmal klar zu denken und die Proportionen wieder gerade zu rücken:

Es ist doch so: Nicht mehr authentisch bin ich dann, wenn ich bewusst eine andere Rolle spiele, d. h. eine andere Person: Sollten Sie das Glück oder Pech haben, König Lear spielen zu dürfen an Ihrer städtischen Bühne, sind Sie nicht mehr authentisch. Dann sind Sie Schauspieler und spielen eine andere Person. Oder Rumpelstilzchen im Kindermärchen - 10. Jahrestag des Kindergartens, da müssen Sie sicher ran. Oder Osmin in der Entführung aus dem Serail - falls Sie singen können. Dann tritt Ihr Ich völlig hinter die Rolle zurück. Sie drücken nicht sich in der Rolle aus, Sie spielen einen Dritten. Ganz einfach.

In allen anderen Fällen sind Sie authentisch, immer, uneingeschränkt. Unabhängig von Rollen, Funktionen, Verhalten. Wir sind eben immer dann authentisch, wenn es um UNS und eben nicht um einen Dritten geht. Es wäre fatal anzunehmen, dass Authentizität eine einmal umrissene Haltung, Ausdrucksweise, Kommunikationsform, Stimmung meint. Natürlich nicht. Wir können vieles in einem sein: Verschmitzt, ernst, trocken, humorvoll, verschlagen, amateurhaft, professionell, aggressiv, verständnisvoll. Haben wir alles in uns. Und natürlich sind wir im Büro und in Projektbesprechungen anders als abends auf dem Tennisplatz. Im Kundengespräch palavern wir nicht stundenlang vor uns hin wie bei 1,2 Promille. Bei Vorträgen werden wir nicht rumstottern wir bei der Beichte nach einem Seitensprung.

Authentisch zu sein, bedeutet Vielfalt und Professionalität. Authentizität ist die Suche nach der ganzen tiefen Vielfalt des eigenen Ichs. Es bedeutet, sich zu entwickeln, ständig Dinge neu zu versuchen, an sich zu arbeiten. Authentizität ist nicht statische Einfalt, sondern dynamischer Reichtum. Je vielfältiger eine Person handeln und denken kann, desto tiefer reicht ihre Authentizität. Weil es jeweils um UNS geht und nicht um einen Dritten. Dazu gehören auch neue Rollen, neue Verhaltensweisen, dazu gehört das Spielen mit den eigenen Möglichkeiten.

Es gehört gerade zu den wichtigen Fähigkeiten der heutigen Zeit, sich in unterschiedlichen sozialen Kontexten adäquat zu bewegen. Dazu gehört eben ein Höchstmaß an unterschiedlichen Ausdrucksformen. Ich nenne es „professionelle Authentizität", wenn ich mich rollenspezifisch anpassen kann. In einem Fernseh-Interview, um nur ein Beispiel zu nennen, werde ich ganz anders auftreten, als wenn ich versuche, im Dialog einen Dritten einfühlsam zu coachen.

Das Chamäleon hätte wohl nicht überlebt, wenn es sich auf einen Ast gesetzt und gesagt hätte: „Ich bin einfach authentisch". Es wäre gefressen worden und würde heute nicht mehr unter uns weilen. Leben Sie deshalb die Vielfalt Ihrer Authentizität, entdecken Sie den Reichtum Ihres Denkens, Ihres Handelns, Ihres Verhaltens. Und akzeptieren Sie nicht, dass diese Entdeckungsreise mit einer falschen Vorstellung von „Authentizität" ausgebremst wird. Denn im heute meist verwendeten Sinn bedeutet Authentizität eben auch Armut, Einseitigkeit, Enge, Uniformität. Und das haben SIE nicht verdient.

.24

Der Festtags-Test
März 2010

Hier was ganz Kurzes für die quengelige Verwandtschaft, die den Oster-, Pfingst- oder Weihnachtsbesuch unerwartet ausdehnt und noch dies und jenes will. Vor allem will sie unterhalten werden. Da hilft nur der ultimative Festtags-Test von Creative*: Wann eigentlich beginnt Kommunikation? Sie werden sehen, plötzlich hängen sich Cousinen, Neffen, Unterneffen und Obercousinen in dieses Thema rein, als hinge davon die Altersversorgung ab. Bestens! Ihr scheinbar dauerhaft verlängertes Festtags-Weekend ist gerettet. Die Verwandtschaft zieht nach diesem Test zufrieden und gebildeter ab ...

DER TEST

Stellen Sie sich einmal vor, Sie stehen auf Ihrem Balkon und schauen in die Landschaft.

Ist das schon Kommunikation?

Dann beginnen Sie, ein Lied zu pfeifen.

Ist das jetzt Kommunikation?

Aus dem Nachbarhaus tritt der Nachbar und beobachtet Sie interessiert, während Sie ihn nicht sehen.

Ist das jetzt schon Kommunikation?

Zwei weitere Nachbarn treten aus dem Haus und schauen zu Ihnen herauf. Dann vier, dann fünf.

Ist das jetzt irgendwie Kommunikation?

Jetzt sehen Sie die Nachbarn auch und nicken Ihnen freundlich zu.

Hat jetzt Kommunikation begonnen?

Ein Nachbar ruft Ihnen zu, Sie sollen morgen ihre Mülltonne rausstellen.

Oder hat jetzt erst Kommunikation eingesetzt?

Sie rufen dem Nachbarn zu: Ok, mach ich.

Oder erst jetzt?

Dann schauen Sie wieder in die Landschaft hinein und denken über das nach, was der Nachbar Ihnen gesagt hat.

Ist das immer noch Kommunikation?

PS. Erfahrungsgemäß geht das Spiel nur schief, wenn Sie einen folgender negativ gepolter Nörgel- und Quengel-Typen in Ihren Reihen haben: a) „Das ist doch alles akademisch", b) „Ich war noch nie gut im Raten, c) „Wie lange dauert das, die Kartoffeln kochen schon".

.25

Du Purpur-Fetthenne
Januar 2013

Mobben ist ein beliebter, aber unschöner Sport. Meistens bleiben Tote, zumindest Kandidaten für die psychiatrische Betreuung zurück. Die moderne Rhetorik ist schon viel weiter: Unangenehmes lässt sich doch in seidenweiche Worte fassen. Wenn wir schon Mobbing und Streitereien in Beziehungen nicht ausmerzen können, so sollten wir wenigstens dafür sorgen, dass sie zivilisiert ablaufen. Die Beleidigung „Du Stinkwurz" etwa führt unweigerlich zu schweren seelischen Verletzungen des Partners oder des Konkurrenten im Büro. Das muss nicht sein: „Du bist meine Valeriana" klingt doch gleich viel einschmeichelnder und positiver. Und um wieviel eleganter spricht sich das Wort „Sie Aristolochia" statt „Sie Pfeifenwinde". Die folgenden ausgewählten Beispiele lassen sich nicht nur mündlich verwenden, sondern können dem Gegenüber während einer Besprechung auch sofort auf dessen iPad gespielt werden ...

„Sie Alisma" statt „Sie Froschlöffel".
„Du Sedum telephium" statt „Du Purpur-Fetthenne".
„Sie Ceratostigma" statt „Sie kriechende Hornnarbe."
„Meine Aristolochia" statt „Du Pfeifenwinde".
„Du Echinops" statt „Du Kugeldistel."
„Philadelphus" statt „Sie Pfeifenstrauch."
„Peperomia" statt „Sie mit Ihrem Zwerg-Pfeffergesicht."
„Primula abconica" statt „Sie Becher-Primel."

Da in der heutigen Zeit speziell abwertende Bemerkungen gegenüber dem weiblichen Geschlecht sofort Gefängnisstrafen nach sich ziehen, bietet es sich an, auch hier anzügliche Worte in feiner klingende Begriffe zu übersetzen:

„Parthenocissus" statt „Sie dreilappige Jungfernrebe".
„Pelargonium" statt „Sie Hängegeranie".
„Syngonium podophyllum" statt „Sie Purpurtute".

Auch wer den richtigen positiven Anmach-Spruch sucht, muss sich heute sprachlich anpassen. So gilt der Spruch „Sie pfirsichblättrige Glockenblume" unweigerlich als sexistisch, während der Begriff „Sie Campanula persicifolia" den gebildeten Mann von Welt zeigt.

IV - BUSINESS 2

.26

Tod dem Aufzug
Juni 2012

Die berühmte „Elevator Speech" ist über 100 Jahre alt.
Doch jetzt droht ihr das Ende.
Schuld ist die moderne Architektur.

Kürzlich bin ich in einer Fachzeitschrift beim Thema „Elevator Speech" hängengeblieben. Die „Elevator Speech" gehört zum Einmaleins der Rhetorik. Fast jeder Manager kennt sie. Sie besagt, dass man in der Lage sein muss, das, was einem jeweils wichtig ist, in 60 Sekunden zu erläutern - genau die Zeit, die man in einem Aufzug mit seinem Chef oder Vorgesetzten unterwegs ist. Oder der Geliebten. Oder dem Fahrstuhlmonteur. 60 Sekunden. Keine Millisekunde länger, keine Millisekunde kürzer. Ich habe mich schon oft gefragt, wo dieser Wert eigentlich jemals gemessen wurde. Im Parkhaus des Frankfurter Flughafens sicher nicht: Dort hab ich neulich viereinhalb Minuten notiert, weil einer sich mit seinem Mallorca-Koffer verklemmt hatte.

Angeblich reicht die „Elevator Speech" zurück ins Jahr 1905. Dale Carnegie, der berühmte Kommunikations-Experte, soll sie erfunden haben. In diesen jetzt 107 Jahren hat sich die „Elevator Speech" nicht verändert. Nicht ein Stück. Und das ist ihr Problem. Wir wissen: Wer sich nicht verändert, stirbt. Und genau dieses Schicksal droht auch der „Elevator Speech". Nehmen Sie mal den Wolkenkratzer „Burj Khalifa" in Dubai. 828 Meter hoch, das höchste Gebäude der Welt. Wie lange, habe ich mich gefragt, dauert wohl eine „Elevator Speech" im Burj Khalifa von ganz unten nach ganz oben? 2 Minuten, 3, 5, acht? Falsch, alles falsch. Es sind exakt 51 Sekunden. In Zahlen: 51! Es ist also nicht zu viel, es ist zu wenig Zeit da für eine „Elevator Speech". Gerade erklären Sie Ihrem Chef, wie hoch das Gehalt nun genau sein soll, da spuckt der Fahrstuhl Sie auf der Aufsichtsplattform aus, Ihr Chef steckt den Kopf raus und meint: „Schön hier, oder?" Das war`s dann mit Ihrer Speech.

Aber wir sollten uns nicht wundern, denn es passt ja in unsere schnelllebige Zeit. Zeit zum Denken ist kaum mehr da, und wo bitte schön haben wir heute noch Zeit, 60 Sekunden ohne Unterbrechung zu sprechen? Vergessen Sie`s. Es geht ja schon in der Paarbeziehung los. Gerade erklären Sie Ihrem Partner die Komplexität der Welt und warum sie deshalb den letzten Hochzeitstag vergessen mussten, da fällt Ihnen Ihre Partnerin spätestens nach 30 Sekunden ins Wort: „Ich merke, du verstehst mich nicht". In Meetings? In Telefonkonferenzen? Sehen Sie. Oder nehmen Sie Hörfunk. Sie sind auf Sendung und holen gerade aus zur Erklärung der Weltlage, da unterbricht der Moderator nach spätestens 15 Sekunden und will wissen, wie das Wetter bei Ihnen ist und welchen Titel er für Sie spielen soll. 60 Sekunden? Reine Illusion. Wir sind im Alltag inzwischen viel schneller getaktet als Dale Carnegie sich das in seinem Holzaufzug je vorstellen konnte. 60 Sekunden sind keine Zeiteinheit der Moderne mehr.

Ein Drittes kommt hinzu: Wenn ich Bilder zum Thema „Elevator Speech" sehe, sind immer genau zwei Personen im Aufzug. Einer der erzählt, einer der zuhört. Ist ja auch logisch. Aber tut mir leid: Ich persönlich kenne nur

Aufzüge, die immer proppevoll sind. Schon bei meinem Möbelhaus in Darmstadt biegen sich die Fahrstuhlwände nach außen, weil mindestens zehn Kinderwagen und Großfamilien dagegen drücken. Morgens fahre ich mit durchschnittlich 30 Kollegen gen Himmel. Ein Gespräch mit dem Chef allein im Fahrstuhl? Völlig illusorisch, heute nicht mehr möglich.

Was sagt uns das alles? Erstens brauchen wir eine „Elevator Speech", die in unserer schnell getakteten Zeit nur 20 Sekunden dauert. In 20, nicht in 60 Sekunden muss das Wichtigste gesagt sein. Damit Sie sich das vorstellen können: Was dauert 20 Sekunden oder kürzer? Zähneputzen etwa, 25 Meter schwimmen, Sex mit der Ehefrau, den Laptop hochfahren, ein Werbespot oder die Zeit, die wir uns täglich mit unserem Partner unterhalten. Der Alltag ist voll davon. Und zweitens hat der Fahrstuhl als Bild ausgedient. Doch halt. Eine allerletzte Hoffnung gibt es: Die Amerikaner planen, habe ich gelesen, einen Aufzug zur internationalen Raumstation ISS: An einem Kabel, 480 Kilometer lang, hängen kleine Gondeln, die sich selbst an dem Seil emporziehen. Hier liegt eine Chance: Wenn Sie demnächst alleine mit Ihrem Chef oder Ihrem Top-Kunden zur ISS unterwegs sind, seien Sie sicher: Sie finden dort oben das, was wir auf der Erde nicht mehr finden: Ruhe und Zeit. Zeit zum Zuhören, Zeit zum Nachdenken, Zeit für sich. Und spätestens dann, wenn Sie sich wieder Zeit nehmen, werden Sie merken, dass wir überhaupt keine „Elevator Speech" mehr brauchen.

.27

Die Projektzerschmirgelung
August 2011

Sich in Meetings zu behaupten, ist schwierig. Überall lauern Feinde. Wer jedoch die Grundregeln beherrscht, qualifiziert sich schnell, wenn auch ungewollt, für höhere Aufgaben.

Die Situation ist bekannt: In einem Meeting des Führungs-Teams stellen Sie ein neues Projekt vor, sagen wir für eine Kundenveranstaltung. Die letzten Veranstaltungen waren immer schlechter besucht und Sie schlagen - nach monatelanger Arbeit am Schreibtisch - dem Team nun ein neues Format vor. Die Tagesordnung sieht vor: 15 Minuten. Wir können es abkürzen: So gut Sie auch präsentieren, so schlüssig Sie auch argumentieren, es wird danach zugehen wie bei einem Rudel Hyänen - Ihr Vorschlag wird gnadenlos zerpflückt. Der eine wollte die Dinge noch nie anders machen, der zweite mäkelt am Text rum, der Dritte bekrittelt den Namen für das Event - und plötzlich neigt sich die Stimmung gegen Sie. Ihr schönes Projekt droht sich in Trümmer aufzulösen. Sie sind auch längst nicht mehr Herr des Verfahrens, die Diskussion geht wild durcheinander, Zwischenrufe befeuern die Kritiker und Lebendigkeit schlägt um in Chaos. Ihr Versuch, einzelne Einwände zu entkräften, führt nur zu neuen Diskussionen und weiterem wilden Durcheinander. Nach 15 Minuten saust das Fallbeil des Chefs runter: „Na, da sind wir wohl noch nicht soweit".

Wie lässt sich diese Situation vermeiden, wie bleiben Sie am Ende doch Sieger? Denn machen wir uns nichts vor: Die Kritik geht Ihnen ganz schön an die Nerven, denn es steht nicht nur Ihr Projekt auf dem Spiel, sondern auch Ihr eigenes Standing.

Hier sind sieben Tipps, wie Sie diese Situation vermeiden können:

(1) Bereiten Sie so ein neues Projekt nie alleine, sondern immer im Team vor. Holen Sie sich Sympathisanten an die Seite, die Ihre Argumentation kennen und Ihnen im Zweifel zur Seite springen. Doch rechnen Sie damit nicht sicher: Viele, die sich vorher als Befürworter des Projekts ausgeben, Ihre vermeintlich besten Freunde, schlagen sich, wenn es Ernst wird, auch ganz schnell auf die Seite der Kritiker. Als Einzelkämpfer stehen Sie von vorneherein auf verlorenem Posten. Die Chance, den ganzen Ruhm alleine einzuheimsen, ist gering. Und die Hoffnung darauf naiv. Sie sind nun eben mal kein neuer Einstein.

(2) Visualisieren Sie Ihr Projekt, machen Sie Prozesse sichtbar, verlassen Sie sich nie auf die Kraft Ihrer Worte. Worte alleine schaffen nie ein einheitliches Verständnis von Ihrer Idee. Im Gegenteil: Jeder in der Gruppe versteht Ihre Worte anders und hat ein ganz eigenes Bild, das mit dem, was Sie vorhaben, nichts mehr zu tun hat. Benutzen Sie das viel gescholtene PowerPoint, ziehen Sie Grafiken auf DIN-A-Null hoch und heften Sie diese Papiere an die Wand. Veranstalten Sie einen richtig großen optischen Zirkus, auch wenn der Controller-Typ in der Gruppe sicher wissen will, was die einzelnen Kopien gekostet haben ...

(3) Nehmen Sie bei der Präsentation nicht zu viele mögliche Einwände vorweg - nach dem Motto „Hiergegen

könnte man einwenden - ich aber sage Ihnen ...". Auch wenn Sie einen Einwand sofort widerlegen: Dieser wird im Kopf Ihrer Zuhörer als Einwand gespeichert (möglicherweise wäre überhaupt niemand darauf gekommen) und lenkt von dem Nutzen ab, den Ihre Idee bringt. Sie werden sehen, dass gerade das, was Sie vermeintlich entkräftet haben, später besonders intensiv diskutiert wird. Konzentrieren Sie sich auf die positiven, auf die Nutzenargumente.

(4) Etwas Neues anzufangen, birgt immer Risiken, bringt Veränderung. Menschen mögen keine Veränderung. So moderig etwa Ihre eigene Wohnung ist, bis Sie sich zum Umzug entschließen, vergehen Jahre. Nur in 5 % unserer Lebens- und Arbeitszeit befinden wir uns im sogenannten „Change"-Modus, in dem wir bereits sind, wirklich etwas zu verändern. Für Unternehmen bedeutet das: Selbst wenn immer weniger funktioniert - man hält bis zuletzt am althergebrachten fest. Deshalb führen Sie Zuhörer und Belegschaften behutsam: Statt „Neues" ist es eher eine „Weiterentwicklung", es gibt „Übergangszeiten", „Pilotphasen", „Projects in progress". Je eindringlicher Sie Ihre Idee als „einzige Alternative gegen die verfahrene Situation" anpreisen, desto eher werden Sie scheitern.

(5) Wenn der Versammlungsleiter nach Ihrem Vortrag die Diskussion nicht selber straff in die Hand nimmt, tun Sie das selber und bereiten sich gut darauf vor. Bleiben Sie gleich stehen, gehen Sie zur Flipchart und beginnen eine straffe Moderation. Straff moderieren, heißt nicht zu fragen „Was sagen Sie dazu?" oder „Können Sie sich das so vorstellen?". Mit solchen Fragen rammen Sie sich sofort das Messer in die eigene Brust, weil sie den unterschwelligen Wunsch der Team-Mitglieder befördern, sich erst mal als Kritiker zu profilieren. Sich als Befürworter zu positionieren, bringt nichts, dieser Platz ist ja

schon durch Sie besetzt. Sie müssen also immer damit rechnen, dass zunächst die kritischen Fragen kommen, bevor sich jemand mit dem Satz „Ich finde das sehr gut" als Befürworter outet. Entweder machen Sie den Platz des Befürworters frei, indem Sie von vorneherein erklären, dass Sie für sich noch keine Entscheidung zu dem Projekt getroffen haben (was schwierig ist, weil Sie es dann auch mit innerer Distanz vortragen) oder Sie akzeptieren, dass nur noch die Plätze des Kritikers, des Markt-Kenners und des großen Konsensfinders frei sind.

(6) In der Moderation geben Sie Regeln vor: Reihum jeder zwei Minuten, welche Punkte gehören auf die Pinnwand? Dieser Prozess verlangsamt die Diskussion und verhindert gerade zu Anfang, dass Brandbeschleuniger sie weiter anheizen. Sie können die Zeit damit verbringen, Einwände zu strukturieren, zu ordnen, Vorteile auf ein eigenes Chart zu schreiben. Im Laufe der Diskussion geht Ihre Aufmerksamkeit immer stärker zu diesem Chart. Nie ein „Ja" oder „Nein" von den Teilnehmern abfordern, nie versuchen, auf Einwände sofort zu antworten. SIE haben Ihr Pulver erst mal verschossen, alles, was Sie jetzt sagen, würde nur Ihre eigene Argumentation schwächen, niemals stärken. Bei den Teilnehmern entsteht der Eindruck: „Ah, er muss Argumente nachschieben". Antworten Sie erst zu einem späteren Zeitpunkt, selbst wenn dieser berühmte Zwischenruf kommt: „Nur mal eine kurze technische Frage ...". Nein, keine Antwort, auch hiermit auf die Flipchart - sie ist ihr einziger Rettungsanker.

(7) Seien Sie zufrieden, wenn Sie am Ende auch nur einen einzigen Anknüpfungspunkt finden, um Ihr Projekt weiterzuführen: Sie können eine Task Force vorschlagen, eine Detaillierung an manchen Punkten, eine Befragung von Kunden ... Solche Projekte wie Sie es gerade vorgestellt haben, werden in jedem Unternehmen abgerieben,

abgeschmirgelt, zerstoßen. Sie selber sind eben nicht allein auf der Welt. In Großunternehmen habe ich es erlebt, dass ein Projekt bis zu 50mal in unterschiedlichen Gremien präsentiert werden musste, bis es abgenickt und umgesetzt wurde. Also haben Sie Geduld. Ungeduld ist keine unternehmerische Tugend. Im Gegenteil: Sie zeugt von Unreife und mangelnder Team-Fähigkeit.

.28

Wie eine Maikäferplage
März 2013

Mitarbeiterbefragungen sind chic und modern. Meist zeigen sie, dass die Mitarbeiter unzufrieden sind. Doch das wusste man auch vorher schon. Viel wichtiger wäre, einfach das umzusetzen, was Mitarbeiter heute erwarten. Doch das braucht man nicht aufwendig zu erfragen, das weiß man.

Jedes Unternehmensjahr hat seine Höhepunkte: Die Jahrespressekonferenz, die Weihnachtsfeier, den Zusammensturz des IT-Systems – und die Mitarbeiterumfrage. Ich habe nichts gegen Umfragen. Ich selber durfte mich auf der Straße bereits äußern zum Papst, zu Tütensuppen und ob ich wüsste, was Paparazzi sind. Nach jeweils 20 Sekunden war alles vorbei. Die Mitarbeiterbefragung dauert überschlägig zwei Jahre. Immer genau bis zur nächsten Befragung. Sicher wie eine Maikäferplage rutscht sie regelmäßig auf die Tagesordnung der Vorstandssitzung. Meist gucken sich alle betreten an, wer sie dahin gebracht hat. Keiner will sie richtig, aber alle machen mit wie bei der Saal-Polka mit André Rieu. Dabei gibt es kaum Dinge, die weniger effizient sind. Vielleicht noch das deutsche Schulwesen oder die Bundesbahnauskunft, aber sonst nichts.

Natürlich ist es schön, mal zu hören, was die Mitarbeiter so denken und wie zufrieden sie sind. Meistens kommt raus, dass sie nicht zufrieden sind. Mit gar nix: Nicht mit der Kommunikation, nicht mit der Strategie, weil sie die nicht verstehen, nicht mit der Bezahlung, und mit der Loyalität ist es auch nicht so weit her. Das ist deswegen ein wenig peinlich, weil es dem widerspricht, was die PR-Abteilung immer in die Hochglanzbroschüren reinschreibt und was auf jedem Absolventenkongress herumposaunt wird. Die Ergebnisse, das ist ja das Erstaunliche, ziehen sich durch wie ein roter Faden durch alle Unternehmen durch, egal welche Größe, egal welche Branche. Die Ergebnisse werden meist von einer Mitarbeiterin der HR-Abteilung in knalligen roten Farben auf die Folien gepinselt, damit sich der Vorstand auch richtig erschreckt. In der Regel klappt das mit dem Erschrecken und alle gucken ganz betreten, in was für einem Saftladen sie da in Wirklichkeit arbeiten.

Als erster – und auch letzter – Sofortschritt werden dann Workshops eingerichtet, moderierte Workshops. Moderierte Workshops sind das Allheilmittel bei jeder Mitarbeiterbefragung, weil den meisten auch nicht so viel anderes einfällt. Die Workshops dauern, bis sie eingerichtet und durchgezogen sind, runde zwei Jahre – bis zur nächsten Mitarbeiterbefragung. Dann kommt raus, dass vielleicht ein Firmen-Kindergarten nicht schlecht wäre oder die Rauchpause einfach zu kurz für zwölf Zigaretten. Natürlich hätte man das auch alles vorher wissen können, aber so und mit den Workshops ist es ja alles viel demokratischer. Und der Vorstand hat zwei Jahre lang Ruhe.

Die ganzen Mitarbeiterbefragungen in den letzten Jahren haben, wenn man ehrlich ist, nicht dazu geführt, dass in den Unternehmen wirklich drastisch irgendetwas geändert hat: Die Zahlen für die innere Kündigung sind genauso hoch wie früher, die Burn-out-Syndrome eher schlimmer. Das freilich ist nicht so überraschend, denn

Mitarbeiterbefragungen in der heutigen Form haben markante Schwächen: Sie spiegeln selten die Zustände im jeweiligen Unternehmen wider, sondern eher allgemeine gesellschaftliche Unsicherheiten. Auf Flexibilität und Mobilität getrimmt, sinkt unsere Loyalität zum jeweiligen Arbeitgeber dramatisch. Wir wollen ja keine Schreikrämpfe kriegen, wenn unerwartet der Arbeitsplatz wegfällt. Da gehen wir mal lieber gleich auf Distanz. Zu hohe Loyalitäten machen unflexibel und abhängig.

Auch Klagen über eine fehlende Strategie sind in einer Welt ganz natürlich, in der diese sich alle sechs Monate ändert. Und der Eindruck fehlender Kommunikation hängt ja nicht mit der geringen Zahl von Newslettern zusammen, sondern mit unserem subtilen Wunsch, dass mehr Kommunikation auch mehr Sicherheit schaffen könnte: Mehr Sicherheit in einer Welt, in der Ziele, Strategien, Werte und feste Erwartungen sich selber in immer kürzeren Halbwertszeiten zerlegen. Kommunikation aber, das ist das Fatale, schafft immer erst mal Unsicherheit, denn der Chef wird uns in der Regel mitteilen, dass die Prognose für's laufende Jahr unsicher ist, weil er nicht weiß, wie die Chinesen, die Finanzmärkte, die Rohstoffpreise, die Investoren, die Frauenbewegung und der Wettbewerb reagieren. Es ist ganz menschlich, dass er sich nicht festlegt, weil er sonst später der Depp ist.

Die Mitarbeiterbefragung hat weitere Schwächen: Sie suggeriert ein Anspruchsdenken, das moderne Unternehmen nicht mehr erfüllen können. Die ganze Befragung wirkt wie ein Wunschzettel zu Weihnachten, den füll ich mal aus und lege mich dann bequem zurück, um zu sehen, was das Christkind mir bringt. Die Arbeitswelt sollte heute anders aussehen: Sie sollte dazu motivieren, sich als Arbeitnehmer selbst für bestimmte Projekte zu engagieren und Freiräume zu schaffen, in denen Abteilungen selber die Art ihrer Zusammenarbeit regeln können. Das fängt ja bei der Kaffeemaschine an: Warum muss jede Abteilung die gleiche Kaffeemaschine bekommen mit den gleichen Sitzmöbeln, wenn eine Mitarbeiterin ein fast neues Cappuccinoquirlschaumgerät von zu Haus mitbringen könnte. Wenn sie geht, nimmt sie es wieder mit. So einfach ist das. Aber das geht nicht, weil der Einkauf 1,6 % Rabatt kriegt, wenn er große Mengen Cappucchinoquirlschaumgeräte von der Stange abnimmt.

Außerdem ist die ständig abgefragte Zufriedenheit kein Wert an sich. Man kann mit Fug und Recht die Frage stellen, ob es überhaupt ein Wert ist, der im modernen Management noch seinen Platz hat. Zufriedenheit schafft Ruhe und Trägheit. Sie ist also die denkbar schlechteste Voraussetzung für Veränderungen und Innovation. Moderne Zielwerte für Mitarbeiter sind eben nicht mehr statische Zufriedenheit, passive Informationsaufnahme oder reaktives Umsetzen. Die neuen Werte liegen im Bereich der Ideensehnsucht, der Unruhe und des inneren Gestaltungswillens. Gutes Management hat Unsicherheit und Orientierungslosigkeit eben nicht bedauernd zu bekämpfen, sondern in Gestaltungswillen umzuwandeln. Statt den Mitarbeiter wie einen Demenzkranken zu behandeln („Haben Sie die neue Strategie verstanden?") sind seine Kreativität, seine Ideen und seine Erfahrung gefragt. Oder sind auch das alles nur Marketing-Träume?

Denn eine Befragung kann die reale Welt nicht verändern. Moderne Arbeitsplätze sind eben kein Quell von steter Selbsterfüllung, Glück und Kreativität. Wenn ich die will, muss ich einen Malkurs belegen. Immer mehr Vorschriften engen unseren Gestaltungsspielraum ein: Compliance-Vorschriften, ISO-Normen, Branchen-Standards, Dokumentationspflichten, Regeln der Arbeitssicherheit und des Brandschutzes, die Leitsätze des Einkaufs und der Internen Revision, Ethik-Richtlinien der

UNESCO und Entsorgungsrichtlinien für Seifenschaum. Und wehe, irgendwas geht schief. Wir haben nicht nur in den großen Korruptionsfällen Siemens und Thyssen-Krupp gesehen, wie schnell die Existenz eines Unternehmens auf dem Spiel steht, sondern vor allem bei den vielen Skandalen aus dem normalen Leben: Verseuchte Erdbeeren, Sojasprossen aus Ägypten, verkeimte Krankenzimmer, Pferdefleisch und Babynahrung. Die Liste ließe sich endlos fortsetzen. Wenn die Presse dann kommt, tun Sie gut daran, alles lückenlos dokumentieren zu können. Der Satz: „Ach, wir nehmen das nicht so formal, unsere Mitarbeiter können das mit den Erdbeeren kreativ gestalten ...", kommt dann nicht so gut. Mitarbeiter, wir hatten das schon mal im 19. Jahrhundert, müssen heute die Regeln kennen und funktionieren. Mehr nicht. Danach erst kommt das mit der Gestaltung und der Selbstverwirklichung.

Doch halt, ich höre gerade, dass die Fragebögen der Personalabteilung für dieses Jahr unterwegs sind. Online. Der Vorstand hat schon alles abgesegnet. Er bittet um rege Beteiligung. Und Ehrlichkeit. Vielleicht hat er sogar das Zufriedenheitskästchen drin gelassen. Das wäre gut, denn sonst hätte ich ja gar keine Orientierung mehr.

.29

Groß sein, um wieder klein zu werden
März 2006

Fusionen sind wieder einmal der letzte Schrei. Doch die Marktgesetze ändern sich: Man wird nur noch groß, um wieder klein zu werden.

Als ich jüngst in einem Zug der Deutschen Bahn neun Stunden von Usedom nach Frankfurt zockelte, las ich bei einem gewissen Joe Schwarzmann, der sich selbst als Vordenker bezeichnet, dass die Zukunft sich eigentlich rückwärts in die Vergangenheit hinein entwickelt. Ich finde solche Gedanken immer außerordentlich faszinierend, weil man ganz angestrengt nachdenkt, was das wohl heißen könnte. Selbst wenn man es nicht versteht, ist man stolz, dass man so was Kompliziertes liest, während sich der Nebenmann an einem niveaulosen Sudoku abarbeitet. Wahrscheinlich meint Schwarzmann, dass wir mit vielen Entwicklungen, die wir für fortschrittlich halten, immer wieder dort landen, wo wir schon mal waren. Da hat er wohl recht: Dieter Zetsche zum Beispiel steht heute, nach der Trennung von Chrysler, dort, wo Daimler unter Jürgen Schrempp auch schon mal stand. Weil der Laden, den sie da gezimmert hatten, einfach zu groß war. Und Großes platzt nun eben mal schnell: Träume, politische Versprechungen, Aktienblasen. Oder hat einfach seine Tücken: Nehmen Sie mal diese gewaltigen zehnstöckigen Kreuzfahrtschiffe, die erst die Strommasten in der Jade abreißen und dann nicht durch den Panamakanal passen. Mir persönlich war auch dieser riesige G-8-Strandkorb von Heiligendamm unsympathisch: Wie soll man den drehen, wenn der Wind umschwenkt, und wer will sich schon mit acht Leuten zusammen sonnen? Auch habe ich mir noch keinen dieser kinogroßen Flachbildschirme an die Wand geschraubt, weil ich im hinteren Erdbeerbeet im Garten sitzen müsste, um mit den Augen die richtige Entfernung zum Bildschirm im Wohnzimmer zu haben.

Oder nehmen Sie diese ganzen großen Weltkonzerne, die Rio Tintos und Billitons und Reuters und Microsofts und all die Banken, die in einem gigantischen Fusions- und Kaufrausch seit Monaten auf Paarungssuche sind. Es geht wie Kraut und Rüben durcheinander und im Rausch der Größe scheint alles möglich: Niemand würde sich mehr wundern, wenn Siemens plötzlich General Motors kauft oder die Telekom, weil Handys nichts mehr abwerfen, zusammen mit Thomson Learning als weltweiter Bildungskonzern auftritt. Vielleicht gibt VW demnächst zusammen mit Murdoch Zeitungen heraus und verlegt den Firmensitz nach Feuerland. Selbst die Investmentbanker in New York, so las ich jetzt, pfeifen physisch schon auf dem letzten Loch. Uns sagt alleine der gesunde Menschenverstand, dass das nicht gut gehen kann, wenn da plötzlich eine halbe Million Menschen in so einem weltweiten Gebilde zusammenhocken müssen: Wie soll gearbeitet werden, wenn man jeden Tag Geburtstage von 139 Kollegen feiern muss? Wie soll „Management-by-walking-around" gehen, wo die ersten Mitarbeiter schon in Pension sind, bevor der Chef weltweit einmal durch ist. Auch die Suche nach einem Partner für Büro-Sex wird extrem unübersichtlich und eine Salmonelleninfektion in der Kantine rafft, nimmt man Fulda als Maßstab, gleich mal das Starterfeld des Boston-Marathons hinweg.

Oder man schaut einfach mal in die Untersuchungen, die in meiner Schrankwand Göteborg seit den 90er Jahren sauber lagern. Die Analysen waren ziemlich ernüchternd: Fusionen lohnen sich nicht. Mehr als die Hälfte aller Zusammenschlüsse bringen nicht die erwarteten Ergebnisse. Was aber treibt dann diesen neuen Größenwahn, diese Hektik wie auf einer Murmeltierwiese oberhalb von Grindelwald: Großmannssucht, strategische Unvernunft, Kapitalmärkte, zu viel Geld? Oder ist es einfach die Angst, selbst geschluckt zu werden, falls man weiter so nur so vor sich hindümpelt mit seinem Laden? Die Angst, keinen Einfluss mehr zu haben, statt Chef mit vielen Freiheiten einfacher Angestellter der Stakeholder zu werden, der klaren Weisungen unterliegt? Mit einem normalen Konkurrenten könnte man sich ja noch einigen und wenigstens Frühstücksdirektor bleiben, aber Private-Equity-Menschen verstehen da überhaupt keinen Spaß und stellen unangenehme Fragen, etwa, warum man so oft auf dem Golfplatz ist. Da kauft man lieber selber irgendwas und gibt Verzweiflung als grandiose Strategie aus.

Früher musste man wenigstens mal in die Kasse gucken, ob überhaupt noch Geld da ist. Heute ist so etwas ruckzuck erledigt, weil alles mit Schulden bezahlt wird. Ein tolles Prinzip: Sie gehen zu EDEKA, kaufen in einem Aufwasch den ganzen Ramsch in den Regalen auf und sagen an der Kasse, sie hätten leider gerade kein Geld dabei, aber dies sei eine feindliche Übernahme und ihnen gehöre diese Klitsche jetzt. Dann drücken Sie der Kassiererin die Schulden aufs Auge und gehen. Da muss die Kassiererin selber sehen, wie sie die Schulden abarbeitet und Sie selbst sind fein raus. Das geht aber natürlich nur, wenn noch kein anderer da war. Daher diese ganze Hektik.

Dass solche Mega-Fusionen gar nicht mehr strategisch

durchdacht sind, merkt man ja schon daran, dass früher bei solchen Deals viel freundlicher geguckt wurde, wenn die Presse da war; da gaben sich alle die Hände, da war Aufbruchstimmung, da gab`s Freibier und mit den Mitarbeitern zusammen wurde ein Feuerwerk abgefackelt, bevor man die ersten tausend Stellen kürzte. Heute sind Aufkäufe eine ziemlich griesgrämige Angelegenheit, weil dem neuen Firmen-Koloss in der Regel sofort wieder seine eigene Zerlegung folgt. Da gibt's keinen Grund mehr für Weingelage an der Fontana di Trevi oder Sausen mit leichten Mädchen. Denn die Börsen-Fuzzis haben errechnet, dass der Wert der Einzelteile eines Unternehmens höher ist als der Wert des Ganzen. Kaum sind die Unterschriften unter den Fusions-Verträgen trocken, folgt deshalb der gigantischen Vergrößerung schon wieder die gigantische Zerlegung. Diese ist inhaltlich genauso sinnlos wie die Fusion und hat ebenfalls nur einen einzigen kapitalmarktlogischen Zweck: Die Realisierung abstrakter innerer Firmenwerte, wenn es sein muss bis hin zur endgültigen Selbst-Auflösung. Profitable Unternehmensteile werden wieder abgestoßen, unrentable den Beteiligungsgesellschaften zwecks weiterer Zerteilung überlassen. Das jagt den Aktienkurs unweigerlich steil nach oben. Ein neuer Kreislauf ist geboren, der mit klassischem Wirtschaften nach Adam Smith oder Keynes oder Schumpeter nichts mehr zu tun hat, die irgendetwas von Bedarfsbefriedigung für die Menschen geschrieben haben.

Aber das sind alte Hüte aus dem vorvorigen Jahrhundert. Die neue Kapitalmarktlogik zwischen Gigantismus und Minimalismus hat mit solchen menschlichen Anwandlungen nichts mehr zu tun. Sie kennt weder Grenzen nach oben noch nach unten. Im Börsenjargon würde man sagen, sie ist äußerst volatil. In letzter Konsequenz dieser Logik spaltet sich, wenn man das einmal zu Ende denkt, ein Unternehmen, bei extrem steigendem Profit, wie Rumpelstilzchen selber auf und beendet seine Existenz. Größe ist dafür nur Mittel zum Zweck.

Am Ende dieses globalen Prozesses steht das Ende jeder Produktion. Die Zukunft hat, wie Joe Schwarzmann das ja vorhergesagt hat, ihre eigene Vergangenheit produziert. Der DAX läge, überschlägig gerechnet, zu diesem Zeitpunkt bei etwa 80.000 Punkten, was aber niemandem mehr nützt, weil man nichts mehr besitzt. Zur Übertragung dieses historischen Moments würde ich mir dann doch noch den Kinobildschirm kaufen. Selbst wenn ich dann im Erdbeerbeet sitzen muss.

In den Jahren 2008-2012 sind die Großfusionen zurückgegangen: Schuld waren die Schockwellen der Lehman-Pleite und der Finanzkrise in Europa. Viele Hedgefonds verloren massiv Geld. Großbanken waren mehr mit sich selbst beschäftigt und fielen als Kreditgeber aus. Doch 2013 läuft das Fusions-Geschäft wieder an – mit genau den gleichen Regeln: Zukaufen, um wieder abzustoßen. Das Neue ist nur das neu verpackte Alte.

.30

In der Talsohle wird es eng
April 2013

Unternehmen predigen ständig Transparenz.
Doch ihre Sprache verdeckt mehr als sie erklärt.

Ich muss Peer Steinbrück dankbar sein. Wirklich. Wenn es ihn nicht gäbe, müsste man ihn erfinden. Peer Steinbrück vereint, seit er Kanzlerkandidat der SPD ist, mehr Menschen im Geiste als die katholische Kirche. Bei rund 25 Millionen Katholiken in Deutschland ist das schon eine Kunst. Ich muss das erklären: Wenn Sie in einer Runde sitzen und sich gnadenlos zerstritten haben – über Frauen, Feministinnen, Freundinnen, den letzten Golfschlag, die Zukunft der Welt, das Betreuungsgeld, also alles, worüber man sich eben so zerstreitet, dann müssen Sie nur den Namen Steinbrück in die Runde werfen und Übernatürliches geschieht: Der ganze Streit verfliegt, Einigkeit durchströmt den Saal, harmonisches Nicken aller Anwesenden bestätigt: Der Mann ist ein Hornochse. So viele Fehler auf einmal, das würde einem ja nicht mal selber passieren, selbst wenn man selber urplötzlich für die FDP antreten müsste, weil die sonst keinen mehr finden.

Zuletzt bin ich über Peer Steinbrücks Rolle im Aufsichtsrat von Thyssen-Krupp gestolpert. Sie haben das bestimmt gelesen: Als dort die Sache mit dem verbotenen Preiskartell bekannt wurde, hat er seinen Aufsichtsrats-Kollegen geraten, in der anstehenden Pressekonferenz zu diesem Thema möglichst nichts zu sagen. Zu schweigen, einfach eisern zu schweigen - also das, was Steinbrück eigentlich gar nicht kann. Machen wir uns nichts vor: Das ist kein Einzelfall. Gegen die inzwischen hoch entwickelten Kunstwerke der sprachlichen Tarnung und Täuschung in deutschen Unternehmen ist Michelangelos Sixtinische Kapelle ein amateurhaftes Rumgeschmiere. Es geht ja schon im Alltag los: Mein Bankberater erklärte mir vor einigen Tagen am Telefon ungefragt, dass meine Aktien zurückgekommen seien. Das fand ich sehr angenehm, obwohl ich verzweifelt bemüht war, mich zu erinnern, ob sie irgendwann mal weg waren. Leider stellte sich heraus, dass meine Aktien keineswegs zurückgekommen, sondern brutal abgestürzt waren. Aber er hatte das eben in einem Seminar so gelernt. Im Laufe des Gesprächs wurde mir die angenehme Sprache der Hochfinanz jedoch immer vertrauter. Ich fing an, mich wohlzufühlen.

Doch erst danach wurde mir wie beim Eisloch-Baden schlagartig bewusst: So und nicht anders muss man reden, um nicht von den ständigen Desastern und Katastrophen und Krisen und Abstürzen und Pleiten Magengeschwüre zu kriegen. Seien wir froh, dass die moderne Wellness-Kultur endlich auch Eingang in die Sprache unserer Unternehmen gefunden hat: Quartalsberichte, Vorstandsreden, Pressegespräche, Ansprachen an die Führungskräfte, Geschäftsberichte - nirgendwo störende Wahrheiten, nirgendwo Versagen und Pannen. Nein, es trieft nur so von „strategischen Weichenstellungen", „durchschrittenen Talsohlen", „mutigen Investititions-Entscheidungen" und „klaren Performance-Zielen". Von Unternehmen, die „gut gerüstet" und „nachhaltig aufgestellt" sind, die ihren „profitablen Wachstumskurs fortsetzen" und dem nächsten Geschäftsjahr „optimistisch entgegenschauen" wollen. Und von Menschen, die Tag und Nacht eben nicht nur Fußball gucken: „Wir arbeiten überdurchschnittlich daran, die Erwartungen zu übertreffen". Toll, dass das mal jemand sagt. Vermutlich glaubt er es auch noch.

In diesem Wohlfühl-Zustand müssen wir auch die Kohorten unmotivierter Mitarbeiter nicht fürchten, denn in der Wellness-Sprache der Konzerne sind „hoch qualifizierte Mitarbeiter unser wertvollstes Kapital, in das wir mit Millionenbeträgen investieren, damit wir die Zukunft sichern". Die entbeinte Floskelsprache, die kommunikative Betäubung, das kreativistische Deutsch offizieller Unternehmensdarstellungen hält die wundersamsten Wendungen bereit: „Möglichen Risiken durch die nicht adäquate personelle Ausstattung begegnen wir durch eine Vielzahl von Maßnahmen, die geeignet sind, das Unternehmen als attraktiven Arbeitgeber zu positionieren und Mitarbeiter langfristig zu binden". Könnte es sich um den einfachen Vorgang handeln, dass es derzeit schwierig ist, gut ausgebildete Mitarbeiter zu bekommen?

Und wenn ein Projekt mal so richtig in den Sand gesetzt wurde, dann werden anonyme Kräfte im Nirwhana beschworen, von denen niemand so recht weiß, wo sie wohnen und wo man mal mit ihnen sprechen kann: „Das Projekt wurde vor dem Hintergrund eines veränderten Marktumfeldes realisiert" – auf gut deutsch gesagt: Es ging über die Wupper. Gerne werden auch genommen: „Volatile Finanzmärkte", „Verschiebungen im Branchenumfeld", „erhöhter Druck durch weltweite Regulierungen" – traumhaft alles, niemand ist schuld, niemand hat einen Fehler gemacht. Wo sind die Geschäftsführer, die auch einfach mal sagen können: „Das hab ich persönlich falsch eingeschätzt"?

Nun erwarten wir Normalsterblichen ja nicht, dass der Vorstandssprecher erklärt, man habe sich leider zu einem richtigen Saftladen entwickelt. Doch der Trend zur sprachlichen Problemvernebelung nimmt eher zu als ab. Diese Sprache wird spätestens dann kontraproduktiv, wenn die Realität oder die Öffentlichkeit nicht mitspielen wollen: Wenn Versagen Versagen genannt wird und eine Pleite eine Pleite. Wenn das unsinnige Prestigeprojekt als solches erkannt und kritisiert wird. Verständlich mag das ja alles sein: Wellness-Sprache adelt. Sie schützt. Sie strahlt Größe aus, Souveränität und Weltläufigkeit. Sie ist die Eintrittskarte in die Welt der wirklichen Entrepreneure. Wer so spricht, der muss wer sein. Das Sprach-Plasma wird zum Statussymbol.

Durch keinen Kodex und keine Schamgrenze gebremst, dürfen Vorstand und Geschäftsführung offenbar immer noch wie im Delirium alles frei erfinden. Schwächelt ein Spartenergebnis, lesen wir von „Maßnahmen, die ergriffen worden sind, um das Geschäftsfeld langfristig positiv zu positionieren". Kann der Vorstand die Ausschüttung nicht erhöhen, ist die Rede von einer „auf Kontinuität aufbauenden Dividendenpolitik". Ist das Wachstum unter aller Kanone, vergleicht er es einfach mit dem Industriedurchschnitt und kommt auf „im Branchendurchschnitt respektable Werte". Klappt auch das nicht, nimmt er den noch schlechteren Fünf-Jahres-Durchschnitt, das Vorjahr oder die unterjährig angepasste Prognose. Oder er formuliert es – mein Lieblingszitat – wie der frühere Siemenschef Klaus Kleinfeld gleich so verknotet intransparent, dass es nun wirklich niemand mehr versteht: „Unser grundlegendes Ziel, zweimal so schnell zu wachsen wie das weltweite Bruttoinlandsprodukt – und das bei guter Profitabilität – haben wir in jedem Quartal deutlich übertroffen". Man muss sich das alles wirklich auf der Zunge zergehen lassen.

Und damit sind wir auch schon bei der Unternehmenskultur. Wie kann eigentlich jemand, der sich hinter solchen Worthülsen verschanzt, erwarten, dass er von Mitarbeitern offene und ehrliche Antworten bekommt? Wie will er eine Fehlerkultur etablieren, die den Namen verdient? Wie will er erreichen, dass Mitarbeiter ihn auf riskante Entwicklungen aufmerksam machen? Der Mitarbeiter tut genau das, was ihm vorgelebt wird: Er verteidigt und rechtfertigt sich, er gibt anderen und übergeordneten Dingen die Schuld, auf die er keinen Einfluss hat. Er sichert sich ab und er wird alles tun, nur eines nicht: Einen Fehler zugeben. Der Grund ist ja ganz einfach: Niemand im Unternehmen gibt Fehler zu, die da ganz oben schon erst recht nicht. Da setze ich mich doch nicht in die Nesseln.

Das erklärt, warum Risiken nicht rechtzeitig erkannt, sondern schlichtweg schön geredet werden: Während der Vertriebler noch erklärt „Alles im grünen Bereich, Chef", ahnt er schon, dass der Großkunde kurz vor dem Absprung steht. Mit Fehlerkultur, mit freiem Wissensaustausch, mit risikoorientierter Kommunikation hat alles das nichts zu tun. Aber die Unternehmens-Kultur gleicht in den meisten Fällen ja nicht deswegen einem Verteidigungs-, Absicherungs- und Rechtfertigungs-Bollwerk, weil Menschen eben so sind, sondern weil die Chefs ganz oben es nicht anders vorleben. Aber beruhigen wir uns: Im Zweifel hat dann „Die Kommunikation" wieder einmal versagt, nicht der Mensch. Das wäre ja noch schöner.

Ob der hier zitierte Peer Steinbrück und die SPD trotz aller Unkenrufe die Bundestagswahl am 22. September gewonnen haben, stand zum Zeitpunkt der Drucklegung dieses Buches noch nicht fest. Egal ob Kanzler oder Scrabble-Spieler privatissime: Seine Historie wird man nicht mehr los. Und seine Fehler nicht und seinen Charakter nicht. Deshalb verzeihe mir der mögliche, wenn auch unwahrscheinliche neue Kanzler, wenn ich ihn hier trotzdem weiterhin als Symbol nehme für einen Menschen, der sich unter Druck gehäutet und sein eigenes Ich verleugnet hat. Was nach all den Häutungen, Verrenkungen, Kompromissen und Leugnungen von der Person Steinbrück bleibt, wird eine künftige Kolumne beleuchten müssen.

.31

Einsam an Loch 18
Dezember 2006

Was treibt Männer an der Spitze von Unternehmen:
Der Bauch, das Gefühl, die Zahlen?
Eines sicher nicht: Die ihnen nachgesagte Einsamkeit.

Als ich gestern einen seriösen Schmöker über Management-Trends aus meiner Schrankwand „Göteborg" durchblätterte, stolperte ich über die Behauptung, Männer an der Spitze seien einsam. Nun kann man über Baumwurzeln und Affären stolpern, Fernsehkabel und Steuerprüfungen, Treppenstufen und Betrugsversuche, Lebenslügen und Hartz-IV-Prüfungen - ich stolpere vor allem über subtile Behauptungen. Früher zum Beispiel über den Satz: „Da oben ist der Große Wagen." Das ist natürlich Unsinn, denn die Sterne haben überhaupt nichts miteinander zu tun, sie stehen Lichtjahre auseinander. Wie die Vorstände in einem großen Dax-Unternehmen. Aber offenkundig definieren wir uns die Wirklichkeit einfach zurecht, wie wir sie brauchen.

Nehmen wir mal den Satz mit der Einsamkeit: Sind die Chefs ganz oben arme Würstchen, denen die Nähe zu Frau, Hund und Mitarbeitern abhandengekommen ist, verarmte Gesellen, die von Einsamkeits-Coaches und Geselligkeits-Trainern umsorgt werden müssen? Oder welche Einsamkeit mag gemeint sein? Die im Golfklub, die bei den Empfängen, die einsame Zweisamkeit mit der Assistentin? Oder ist Ernst Welteke gemeint? Vielleicht. Mit wem kann sich der frühere Bundesbank-Chef schon darüber austauschen, ob eine 8000- oder eine 24 000-Euro-Pension angemessen ist? Es könnte auch Ferdinand Piëch gemeint sein: Mit wem soll er abends gemütlich einen Skat dreschen, wenn er die Vorhand doch morgen feuern will? Oder Klaus Kleinfeld von Siemens: Da sitzt er abends in der Sauna, allein mit seinem Ben-Q-Desaster. Und weil das selbst bei einem 120-Grad-Enzianaufguss nicht verdampft, muss er es wieder mit nach Hause nehmen. Einsamkeit, wohin man schaut.

Beim Einsamsein kommt man auf die blödesten Gedanken, etwa die Firmengelder in einer neuen Fusion zu versenken, sich einen echten Monet ins Büro zu hängen, den ganzen Laden mal wieder umzukrempeln, obwohl die aktuelle Umkrempelung noch im Gange ist. Den Vertriebschef rauszuschmeißen, eine marode Klitsche in Litauen zu kaufen oder den ganzen IT-Murks neu zu ordnen. Und dann geht es mit der Einsamkeit an der Spitze ganz schnell: Wenn's ernst wird, haben sich alle verkrümelt. Die anderen Vorstandsmitglieder tauchen - wie Murmeltiere auf Pfiff - in die Höhlen ab, und von der beschlossenen Fusion, die gerade danebengeht, will keiner mehr etwas wissen.

Loyalität ist heute riskant: Der Chef eines großen Konzerns bleibt im Durchschnitt nur 5,4 Jahre, früher waren es noch 8,5. Mit solchen Interims-Managern macht man besser keine gemeinsame Sache. Schon gemeinsames Essen ist gefährlich. Beim rauen Alleinsein im marmorgetäfelten Büro bleiben nur wenige Ratgeber: Die Sekretärin, ein Coach, der Bauch, der Steuerberater, der IHK-Mittagstisch, die vierte Gattin. Der Golfpartner fällt entgegen allen Gerüchten meist aus, weil er während des Spiels ständig am zweiten Loch hadert und man mit ihm nicht ordentlich über die Klitsche in Litauen sprechen kann. Ein ungeordnetes Beraternetz, das so chaotisch und zufällig zusammengesetzt ist wie die Fußball-Elf des Tabellenletzten Mainz 05.

Doch große Menschen, wie etwa Cäsar, Pippin der Kleine oder Hartmut Mehdorn, haben immer einsam entschieden. Sie schafften dafür gewaltige Bestätigungs- und Gefälligkeitskulturen um sich herum, Entouragen und Abnick-Gefolgschaften. Vielleicht muss das so sein. Oder könnten Sie sich John Wayne vorstellen, wie er erst mal Arbeitsgruppen einberuft? Hätte Roald Amundsen je den Südpol erreicht, wenn er sich auf ein 360-Grad-Feedback eingelassen hätte? Über den Chef der Frankfurter Messe las ich soeben, dass er immer weit vor seinen Mitarbeitern herläuft und schon wieder woanders ist, wenn die ihn eingeholt haben. Es zähle nur die Bewegung. Das ist häufig so.

Einsamkeit ist also keineswegs ein mentaler Schrumpfzustand des Top-Managements, sondern Teil eines spezifischen Führungs- und Entscheidungssystems. Das wäre noch in Ordnung, wenn dieses System der Alphatiere, Machos und hungrigen Wölfe, der globalen Sezierer und kurzhaarigen Macher wenigstens effizient wäre. Doch die Fakten zeigen, dass die angeblich hohe, von der Börse honorierte Produktivität unserer Unternehmen ein Trugbild ist: Die Hälfte aller Fusionen der vergangenen zehn Jahre gilt als gescheitert. Die in Zeiten der Diversifikation mit Milliardenaufwand zugekauften Unternehmen werden zurzeit mit gleicher Energie wieder abgestoßen, die in den hinteren Balkan ausgelagerten Call Center zurückgeholt. Niemand zählt die Tausenden Restrukturierungs- und Umstrukturierungsprozesse in Unternehmen, die durch Alphatiere angestoßen werden und irgendwann im Nichts verschwinden wie in einem Vulkanschlund am Meeresboden.

Der Kauf der litauischen Klitsche bindet unendlich viele Ressourcen im Unternehmen, die oft nur einem Prinzip folgen: Macht und Bewegung. Und niemand widerspricht. Im Gegenteil: Wenn ein Chef irgendwo beim sechsten Bier verschwurbelt erklärt, er wolle jetzt den Börsengang, dreht sich das Unternehmen in Nanosekunden um sich selbst. Die bisherigen Befürworter wachsen über Nacht wie eine Seerose auf das Doppelte ihrer bisherigen Größe, die Gegner schnurren wie geöffnete Luftballons auf kleine Gummipunkte im Organigramm zusammen. Das Controlling dreht den Schalter für den Datenauswurf um 180 Grad und gibt alte Papiere, die das Gegenteil belegen, in den Häcksler. Am kommenden Morgen ist das Unternehmen ein anderes. Wer gerade im Urlaub, beim Golfspielen oder anderer Meinung ist, hat Pech gehabt.

Die heimliche Verbeugungs-Kultur vor der Nummer eins reicht bis in die Spitze. Vorstandssitzungen muss man sich nicht vorstellen als schweres Ringen um den richtigen Weg, als offene Diskussion mit fachlichen Einwänden, bis das Ergebnis feststeht und weißer Rauch aufsteigt. Da sind die Distanz-Applaudeure, Murmeltier-Kohorten und taktischen Schweiger in der Mehrheit. Da wird durchgewunken, was der Mann an der Spitze möchte und was er mit seinen Sylt-Bekanntschaften ausgeheckt hat. Dabei haben die Akteure Glück, dass falsche Entscheidungen oder die Vernichtung von Arbeitszeit, Kreativität und Mitarbeitereinsatz bislang nicht bilanzierungsfähig sind. Sonst würde deutlich werden, dass die Effizienzgewinne der erfolgreichen Projekte durch die Wolkenkuckucksheime der Chefs um ein Vielfaches absorbiert werden.

Was aber, wenn die Kapitalmärkte aufwachen und realisieren, wie oft Alphatiere danebenliegen? Dann wird es nicht mit dem Beschluss der Corporate-Governance-Kommission getan sein, die Vorstandsverträge auf drei

Jahre zu begrenzen. Dann wird der Ruf nach einer neuen Manager-Generation lauter werden, bei der nicht mehr abenteuerliche Soloritte oder revolutionäre Visionen honoriert werden, sondern die Fähigkeiten von, sagen wir mal, Robert Redford. Sie haben bestimmt seinen Film gesehen: Während hundert Gäule wild und ungezähmt durch die Pampa springen, flüstert er seinem eigenen kurz was ins Ohr, und plötzlich ist der ganz friedlich. „Der Pferdeflüsterer", sehr eindrucksvoll. Das sanfte Flüster-Denken ist längst im Wirtschafts-Alltag angekommen: Mediatoren statt Anwälte, Coaches statt Nervenheilanstalten, Feedback-Berater statt Abmahnungen, Outplacement statt Selbstmord. Mir fallen auch noch Flüster-Jets und Flüster-Asphalt ein.

Robert Redford ist quasi schon in Hartmut Mehdorn angelegt - der eine Führungsstil wächst aus dem anderen, wenn Karl Popper recht hat. Der war überzeugt, dass jedes Ding seinen eigenen Widerspruch in sich trägt. Die Blume das Verwelken, der Ton die Stille und Hartmut Mehdorn eben Robert Redford. Gut, dass Hartmut Mehdorn das nicht weiß, aber es ist logisch: Dem vorglobalen Schläfer und dem akut-globalen einsamen Entscheider wird ein neuer Management-Typus folgen. Ich würde ihn den post-industriellen Mediator nennen - den Unternehmensflüsterer.

Der muss nicht nur mit Entscheidungskraft ausgestattet sein, sondern viel stärker noch mit Fähigkeiten zur Vermittlung, zum Ausgleich und zum Konsens - mit allen Beteiligten, Mitarbeitern, Führungskräften, Investoren, Banken, Aufsichtsräten. Er muss Prozesse auch mal beruhigen können, statt sie permanent zu beschleunigen. Die Erhabenheit, das eigene Ego verringern zu können, gehört ebenso dazu wie der Wille, Wissen, Erfahrung und Kreativität seiner Mitarbeiter zu fördern und sie für das Unternehmen zu nutzen. Produktivität wird dann nicht mehr nur im reinen Output, sondern auch in der optimalen Nutzung der Human-Ressourcen gemessen.

Der Mann an der Spitze muss nicht mehr gecoacht werden, er ist selbst Coach, selbst Mediator. Und die Kapitalmärkte hätten, was sie immer suchen: ein neues Denken, ein neues Ziel, neue Maßstäbe und neue Stars. Vielleicht bekäme Robert Redford irgendwann sogar den Börsengang der Deutschen Bahn hin.

Bei der Konzeptarbeit für dieses Buch war ich überzeugt, dass ich diese Kolumne nicht würde abdrucken können: Hartmut Mehdorn, so hatte ich vermutet, würde fast keiner meiner Leser mehr kennen, da er sich aus dem aktiven Berufsleben verabschiedet hat. Da habe ich mich gründlich getäuscht. Anfang des Jahres wurde Mehdorn als Krisenmanager beauftragt, den neuen Berliner Hauptstadtflughafen endlich „zum Laufen" zu bringen. Damit wurde er erneut zu einem der wichtigsten Manager der Republik – der sofort genauso loslegte, wie wir ihn kennen: Undiplomatisch, hemdsärmelig, alleinentscheidend, angriffslustig. Und damit ist dann – ganz überraschend - der Vergleich mit Robert Redford aktueller denn je.

.32

Der Selbstversuch
August 2011

Top-Manager müssen heute ständig erreichbar sein, egal wo sie sind. Modernste Technologie macht das weltweit möglich. Man muss nur die richtigen Geräte haben, über dutzende von Zusatztarifen und PIN-Codes verfügen und darauf vertrauen, dass der Wind richtig steht. Vor allem dort, wo es schön ist, muss man viel Fantasie aufbringen, um Kontakt zur Heimat herzustellen.

Ich mache gerne Urlaub in Frankreich. Dort werden Hühner direkt auf dem Markt geschlachtet, Pässe sind dort höher als bei uns die Zugspitze und überhaupt ist alles angenehm, solange man die Franzosen nicht versteht und nicht einen dieser unvermeidlichen französischen Zirkusabende besuchen muss. 2011 war ich für ein paar Tage in Samoens, einem beschaulichen Örtchen in Savoyen. Von dort aus kann man mit dem Fahrrad den Col de Joux Plan oder den Col de la Ramaz befahren, sich zuprosten, wenn man oben ist, und zu Fuß in ein wunderbares Tal hinter Sixt-Fer-a-Cheval wandern. Abends würde man seinen Lieben und Treuen zu Hause dann gerne ein Bildchen schicken oder einen kurzen Film bei Facebook einstellen. Doch das ist in Samoens nicht vorgesehen. Nicht IM Hotel und außerhalb schon gar nicht. Die Suche nach einem drahtlosen Netzwerk gestaltet sich – wie überall auf dem französischen Land – ausgesprochen schwierig.

Jeder von uns lebt ja nach einem festen Rhythmus: Ich zum Beispiel schaue in meine E-Mails im Durchschnitt, na, sagen wir alle zwei Minuten. Nicht, dass ich meine, in dieser Zeit könnte viel passieren. Aber ich will nun einmal absolut ausschließen, dass etwas passiert, was ich nicht mitbekomme. So bin ich eben. In der verbleibenden Zeit muss ich parallel überprüfen, ob sich in den Netzwerken XING, Facebook, LinkedIn, auf dem Handy und dem iPad etwas tut. Bis dann die E-Mails wieder dran sind. Richtig, darunter leiden der Garten, das soziale Zusammenleben, die Briefkastenleerung und das Schuheputzen.

Aber all dies ist jetzt und hier Vergangenheit: In Samoens habe ich mir absolute Abstinenz verordnet. In den vier Tagen kontempliere ich nur mit mir selber, konzentriere mich auf das Ich, mein Selbst und was ich sonst noch so finde. Keine Statusmeldung bei Facebook, wie mir die Tartiflette geschmeckt hat, kein Amselzwitschern, das mir als Tonsignal das Eintreffen neuer E-Mails ankündigt. Weg, ab, zu, alles ausgeschaltet. Die hektische Suche nach WLAN-Verbindungen überlasse ich den bebrillten aufstiegsgeilen Zeitgenossen, die den wahren Wert des Lebens noch nicht entdeckt haben. Statt E-Mails zu lesen putze ich mir jetzt vor dem Frühstück die Zähne. Danach den Schrank aufgeräumt und die Bergstiefel eingefettet, zugegebenermaßen mit dem ersten unguten Gefühl, ich könnte etwas verpassen. Es wäre gelogen zu behaupten, dass sich dieses Gefühl im Laufe des Tages während der Bergwanderung nicht verstärkt. Abends schlendere ich eher zufällig und nur vorsorglich am Internet-Café im Dorf vorbei, das jedoch ausweislich eines verrotteten Türschilds bis Weihnachten geschlossen hat.

Ich wäre kein Manager, wenn ich nicht wenigstens ein paar kleine Vorkehrungen treffen würde, denn längere Isolation hat noch nie zu großen Erfindungen in der Welt geführt. Die Drahtkonstruktion, die ich nach dem Mittagessen am nächsten Tag kurz entschlossen ums Hotel zog, führte zwar zu einem Blitzeinschlag, aber zu keiner Verbindung. Ich beschloss, einen vorbeifliegenden Satelliten anzufunken, kam aber an keine Lagepläne der NASA ran. Vielleicht ist es oben besser, dachte ich, absolvierte die 13 km zur Passhöhe des Col de Joux Plan auf 1702 Meter völlig ausgepumpt um 13.32h. Dort war nicht mehr, dort war weniger Signal. Mein anschließender Versuch, mich zu den unterirdischen Kabeln der France Telekom durchzubohren, wurde vom örtlichen Polizeikommando bei einer Flasche Wein, einer ausführlichen Diskussion der Weltlage und mehreren brüderlichen Umarmungen freundlich, aber unbarmherzig unterbrochen.

Nicht, dass Sie jetzt den Eindruck erhalten, ich würde meinen Vorsätzen untreu. Ganz und gar nicht. Aber der Mensch kann nicht 24 Stunden wandern. Oder nur denken. Und immerhin gehört die Fähigkeit, Kontakte weltweit aufrecht zu erhalten, zu den großen Errungenschaften der Globalisierung. Das darf man nicht vergessen. Nicht dass jetzt hier ein falscher Eindruck entsteht: All das tue ich nur nebenbei und vorsorglich. Meine Urlaubstage sind idyllisch und ein einziger Genuss. Auf der Berghütte gibt es „Tartes des myrtilles", kleine Blaubeertörtchen, wunderbar aromatisch, die nur den Nachteil haben, dass das danebenliegende iPad keinen Pieps von sich gibt und vermeldet, dass es nicht bereit sei. Die „Cascades rouget" sind ein beeindruckend schöner Wasserfall, dessen Lautstärke indes zu dem unschönen Ergebnis führt, dass man keine Verbindungstöne hören würde, sollte das Handy sich wider Erwarten melden.

Morgen ist der Selbstversuch zu Ende. Ich habe diesen Urlaub genossen: Endlich mal Ruhe von zu Hause, endlich mal einen anderen Lebensrhythmus einschlagen. Wie schön, dass man sich von den falschen Zwängen des

Lebens freimachen kann. Dass das Hotel nicht begeistert war, dass ich die Toilette zu einer Empfangsschüssel, den Schrank zu einem Signalabweiser umgebaut und die Bettfedern genutzt hatte, um mit ihrer Hilfe eine Empfangsantenne durchs Dach zu bohren, mag verständlich sein. Doch immerhin hatte ich vier Tage auf dem Balkon schlafen müssen und weiß nicht, warum ich 102 Euro die Nacht für einen technisch so verlodderten Laden zahlen soll. Doch mir ist nur eines wichtig: Dass ich mich anpassen kann. An jede Situation. Zu Hause, versprochen, werde ich mein ganzes mediales Leben radikal umbauen. Ab morgen. Oder übermorgen. Ich schwöre auf alle Netzanbieter: Irgendwann ganz bestimmt ...

.33

Eigne ich mich als Führungskraft?
Februar 2013

Sie haben in den letzten 32 Satiren mitgelästert, sich wiedergefunden, sich erinnert? Das freut mich, doch es beantwortet nicht die alles entscheidende Frage: Sind Sie selber eigentlich als Führungskraft geeignet – falls Sie überhaupt eine sind? Wann schon stellt man sich selber einmal auf die Probe? Richtig: Nie. Und das aus gutem Grund. Man weiß meist vorher schon, was rauskommt. Hier nun haben Sie die Möglichkeit, sich praxisnah zu testen. 12 ultimative Thesen, die Sie mit Ja, Nein oder je nachdem beantworten können, werden dazu führen, dass Sie endlich begreifen, wer Sie sind.

STIMMT   STIMMT NICHT

1
In Sachen Charisma rangiere ich nur knapp hinter Philipp Rösler.

2
Ich habe flottere Sprüche drauf als Dieter Bohlen, bin nur nicht so oft im Fernsehen.

3
Nach meinen Präsentationen rufen die Mitarbeiter regelmäßig „Yes we can …"

4
Meine Zunge ist so scharf wie die von Jürgen Trittin, aber ich kann dabei nicht so hinterhältig lächeln.

5
Ich lese mir jeden Morgen die Witze aus der BILD-Zeitung an – das reicht mir an Kommunikation.

6
Meine Stimme klingt so weinversudelt wie die von Rainer Brüderle – leider auch ohne Wein.

7
Ich brauche nichts zu sagen, die Mitarbeiter verstehen meinen Django-Blick auch so.

8
Ich werde oft mit Steve Jobs verwechselt.

9
Ich bin bekannt für meine kurzen präzisen Aussagen wie etwa „Ja mei" oder „Gott sei`s geklagt".

10
Bei mir fangen sinnvolle Gespräche überhaupt erst bei 1,6 Promille an – vor allem im Karneval.

11
Ich vertrete die These: Mit welchem dieser Schwachköpfe soll ich überhaupt reden?

12
Ich halte mich für mehr als ich bin.

Auswertung:
Bei 1-2 „Stimmt"-Antworten: Sie arbeiten am richtigen Platz, auch wenn keiner weiß, warum. 3-5 „Stimmt"-Antworten: Ihr Aufstieg in den nächsten Monaten wird kometenhaft verlaufen. Ihr Abstieg auch. Mehr als sechs „Stimmt"-Kreuze: Ihre Talente kommen eher im Fastnachtsverein „Die Bohnebeitel" zum Tragen. Keinerlei Antwort: Sie sind in der Lage, den ganzen Schrott, der Ihnen täglich auf den Schreibtisch gelegt wird, einfach zu ignorieren, und qualifizieren sich damit für den Aufsichtsrat – der liest auch nix. Es könnte allerdings auch sein, dass Sie die Fragen gar nicht verstanden haben. Seien Sie beruhigt: Das würde an Ihrer Qualifikation für Vorstands- oder Aufsichtsratsposten nichts ändern ...

Hinweise zu den Artikeln

Die Artikel 1, 8, 9, 10, 11, 12, 13, 14, 15, 16, 19, 20, 21, 22, 23, 24, 25, 27, 32 und 33 erscheinen hier erstmals im Original und sind bisher unveröffentlicht. Artikel 17 (Der Konzerthuster) habe ich 2006 im Selbstverlag als kleines Büchlein herausgebracht. Die Kolumnen 6, 7, 29 und 31 wurden in teils veränderter Fassung in den Jahren 2006-2008 im Wirtschaftsmagazin brandeins abgedruckt. Die Artikel 2, 3, 4, 5, 18, 26, 28 und 30 sind in den Jahren 2012-2013 im Wirtschaftsmagazin „unternehmerWISSEN" erschienen, ebenfalls in teils variierter Fassung. Beiden Verlagen sei an dieser Stelle Dank für die Kooperation.

Autor

Dr. Klaus-Ulrich Moeller, erfolgreicher Kommunikationsberater, Journalist, Speaker und Autor, ist einer der scharfsinnigsten satirischen Beobachter von Unternehmen und Politik in Deutschland. 15 Jahre hatte er als Kommunikationschef der Lufthansa, der TUI und des weltweiten Beratungshauses PwC tiefen Einblick in die tägliche Routine von Unternehmen. In der Unternehmerorganisation Vistage International hat er eng auch mit mittelständischen Unternehmen zusammengearbeitet. Lange Jahre war er Kolumnist beim Wirtschaftsmagazin brandeins, heute schreibt er regelmäßig für die Zeitschrift „unternehmerWISSEN". Nach einem Studium der Geschichte und der Politik in Tübingen hat er sich das journalistische Handwerkszeug bei den STUTTGARTER NACHRICHTEN angeeignet. In diesen Jahren wurde er mit dem Theodor-Wolff-Preis ausgezeichnet für die Aufdeckung des STERN-Skandals um die gefälschten Hitler-Tagebücher.

Der Autor ist professionelles Mitglied der German Speakers Association (GSA) sowie „Advanced Member" bei der Redner-Organisation Toastmasters International und regelmäßig unterwegs als Speaker, Moderator und Interview-Partner. Er trainiert und berät Top-Manager in allen Fragen der Führungs- und Unternehmens-Kommunikation. Zu den Schwerpunkten gehören u.a. das Medien-Training und das „Personal Branding". In Köln geboren, in Schleswig-Holstein aufgewachsen, im Rhein-Main-Gebiet verortet, lebt und arbeitet Klaus-Ulrich Moeller heute in Essenheim bei Mainz. Seine Hobbys führen ihn regelmäßig zum Wandern in die Alpen, zum Fahrradfahren in die Provence, zu Konzerten in die Metropolen Europas oder zum Golfen an einsame Orte, in denen man noch Abschlagzeiten bekommt. Klaus-Ulrich Moeller hat vier Kinder, fünf mobile Endgeräte und eine „wahnsinnige Neugier auf das, was die vernetzte Welt der Kommunikation uns noch alles bescheren wird".